保险业改革发展新思考

周延礼◎著

新 华 出 版 社

图书在版编目（CIP）数据

保险业改革发展新思考 / 周延礼著．—北京：新华出版社，2020.5

ISBN 978-7-5166-5118-6

Ⅰ．①保… Ⅱ．①周… Ⅲ．①保险业—经济体制改革—研究—中国 Ⅳ．①F842

中国版本图书馆CIP数据核字（2020）第060889号

保险业改革发展新思考

作　　者： 周延礼

责任编辑： 徐　光　刘宏森　　**封面设计：** 李尘工作室

出版发行： 新华出版社
地　　址： 北京市石景山区京原路 8 号　　**邮　　编：** 100040
网　　址： http：//www.xinhuapub.com
经　　销： 新华书店
新华出版社天猫旗舰店、京东旗舰店及各大网店
购书热线： 010-63077122　　**中国新闻书店购书热线：** 010-63072012

照　　排： 李尘工作室
印　　刷： 河北鑫兆源印刷有限公司
成品尺寸： 170mm × 240mm
印　　张： 12.5　　**字　　数：** 168千字
版　　次： 2020年7月第一版　　**印　　次：** 2020年7月第一次印刷
书　　号： ISBN 978-7-5166-5118-6
定　　价： 45.00元

序言

改革开放以来，我国经济保持了持续高速增长，创造了人类历史的奇迹。保险业是国民经济中发展最快的行业之一。自1980年恢复国内保险业务以来，保费收入和资产规模保持了近30%的年均增长速度，为经济社会发展作出了积极贡献。改革发展始终是保险业的核心议题，发展是目的，改革是动力。回顾过去保险业走过的道路，可以说正是一条在党和政府的坚强领导下，不断攻坚克难、砥砺奋进的改革之路。

金融是经济的血脉，是现代经济的核心。当前，我国经济正处于高质量发展的重要战略机遇期，供给侧改革从经济领域深入到金融领域。2019年2月，习近平总书记在主持中共中央政治局集体学习时指出，深化金融供给侧结构性改革必须贯彻落实新发展理念，强化金融服务功能，找准金融服务重点，以服务实体经济、服务人民生活为本。要以金融体系结构调整优化为重点，优化融资结构和金融机构体系、市场体系、产品体系，为实体经济发展提供更高质量、更有效率的金融服务。

中国经济发展进入新常态，保险业站在了新的起点上，作为金融的主力军，如何实现行业转型升级，服务实体经济高质量发展，做好金融和经济的“减震器”和“稳定器”，面临着一系列新机遇新挑战。新时代背景下，如何通过继续深化改革，创新体制机制，激发市场活力，实现保险业的更大作为？我们可以从延礼同志的新书中找到答案。

本书分为理论探讨篇、论坛访谈篇、调研报告篇三部分，汇集了作者近些年对保险业的观察和思考，既有国际保险监管经验的总结，也有国内保险改革创新的回顾；既有对责任保险、健康保险等传统领域的观察，也有对金融科技、互联网金融等前沿领域的思考。涉及内容，无一不是当前和今后一段时期保险业改革发展的热点焦点问题。作者通过亲身接触和广泛了解，掌握大量丰富详实的一手资料，并在此基础上作了分析综合，提出了不少真知灼见和独到见解，其中有的意见建议已经为中央决策提供了重要参考。

延礼同志是中国保险业改革发展的见证者、亲历者，也是保险“国十条”等诸多重要决策的推动者、参与者，具有扎实的理论功底、开阔的金融视野和丰富的监管实践经验。如今，在全国政协、国务院参事室依然关心和关注着金融及保险业的改革发展，站在国家经济发展的宏观层面审视金融及保险的重点难点问题，为金融及保险业供给侧结构性改革建言献策，相信本书的出版，能为广大关心中国保险业发展的人士提供有益的启发和帮助，也能为政府相关部门科学决策提供理论和实务参考。

新时代需要新作为，新作为要有新成效，希望保险业保持持续健康发展态势，不断满足人民群众的保险需求，实现从保险大国到保险强国的历史性转变，为新时代我国经济实现高质量发展发挥更大的作用。

魏礼群

2020 年 3 月

目 录
CONTENTS

第三篇 调研报告篇 / 131

第一篇
理论探讨篇

CHAPTER ONE

保险监管的国际经验与实践

保险市场以及保险经营活动是一国市场经济体系的重要组成部分，保险业作为专门经营风险的特殊行业，在现代金融业中处于重要地位。

经过多年的改革开放，中国保险业蒸蒸日上，保险市场逐步走向成熟。2015 年，保险市场运行总体平稳，稳中有进，稳中向好，全国保费收入 2.4 万亿元；为全社会提供风险保障 1718 万亿元，赔款与给付 8674.1 亿元；保险公司预计利润 2823.6 亿元。保险行业偿付能力总体充足，市场运行安全稳健。

保险业具有极强的公众性和社会性。随着保险业的不断发展壮大，保险市场面对的风险也更加复杂，国家对保险业进行监管是有效地保护与保险活动相关的行业和公众利益的需要，保险监管的有效性对行业发展起到决定性的作用。

一、国际保险监管经验与借鉴

（一）各国保险监管制度的异同

保险监管是一种制度安排，是不同国家和地区在一定条件下对保险业所

① 本文发表于《中国金融》2016 年第 10 期

制定的各种法律法规和监管方式及监管手段的总和，目的是确保本国保险业的健康有序发展。发达国家的保险业历史悠久，保险市场相对成熟，保险监管比较完善。具体保险监管实践中，各国根据自己政治体制、经济制度、保险市场的特点以及社会人文、历史习俗的具体情况，形成了各自的保险监管模式和构架，在机构设置、监管内容和监管手段方面也各不相同。近些年来，随着国际金融一体化的影响和金融危机后各国金融监管改革的逐步深入，各国监管制度出现一定程度的趋同，但仍各具特点。例如，美国采取的是保险业分州监管、联邦协调的模式，这一模式显然是充分考虑了美国地域广大和实行联邦制的因素；英国采取了“超级央行”的混业监管模式，监管较为宽松而且信任行业自律，但重视企业高管的个人责任；德国和日本都是采取独立于央行之外的金融混业监管模式，但是在涉及实际监管工作时，仍然是按照银证保三家独立运作的模式，其中，德国的特点主要体现在法律严密和充分利用外部审计等方式协助监管，而日本的特点则是更侧重于强调现场与非现场检查的作用。发展中国家的情况又有所不同，一般实行较为严格的监管措施，有利于确保保险公司的财务稳健、市场行为规范，防止恶性和过度竞争，更适合保险发展处于起步阶段、公众保险意识较弱的市场环境。

虽然由于各个国家和地区的政治法律制度、历史文化背景以及经济发展阶段不同，造成在监管的具体目标及重点方面有所侧重，存在差异，但仍然可以看到各国的监管制度遵循了一些根本性的共同原则。

第一，各国都意识到保险行业对保障整个国家经济体系正常运转的重要性以及保险业自身的特殊性，把建立一个完善而高效的保险监管体系、维护本国保险体系的安全与稳定作为保险监管的首要目标，任何一个国家都对保险市场的发展秉持严格审慎的态度。

第二，从发达国家经验看，虽然各国的保险监管基础框架有所区别，但在主要监管内容和运作方式等方面都有许多相似之处，具体可以归纳为以下几个方面。

一是监管目标。从保护社会公众利益和市场公平的角度出发，高度重视在保险业处于弱势地位的投保人和被保险人的根本利益，将保护消费者利益，维护公平竞争的市场秩序，维护保险体系的整体安全与稳定，保证产品和服务的充足性、合理性和非歧视性，以及将促进行业健康发展作为监管的主要目标。

二是监管内容。包括机构监管，一般包含对保险市场的准入与退出以及保险公司的组织形式等的监管；业务监管，主要包括对业务范围、保险条款、保险费率、业务行为以及再保险等的监管；财务监管，主要是对保险公司资产负债情况进行监管，重点是保险准备金的提取和资金运用情况；偿付能力监管，主要包括资本金要求、风险资本要求、保证金提取及保险保障基金的建立；治理监管，主要包括对公司治理、人员适格性、风险管理及信息披露等要求；金融稳定监管，主要包括宏观审慎监管、集团监管、反洗钱及监管合作等方面。

三是监管体系。保险业发展较为成熟的国家，基本具有比较完备的保险监管法律体系，建立了较为独立、健全的保险监管机构，监管方式也基本正在由机构监管向功能监管转化，基本以偿付能力监管作为保险监管的重点。

（二）保险核心原则在树立国际标准方面的作用

20 世纪 90 年代以来，全球保险业呈现出创新速度加快、业务结构日趋多元、保险产品更加复杂等新形势、新特点。金融一体化、跨国保险业务和跨境资本运营对全球保险监管合作和趋同提出了新的要求。如何构建一套适应新形势的国际统一的保险监管体系，成为新时期国际保险监管变革的主要方向。

成立于 1994 年的国际保险监督官协会（IAIS），一直致力于通过国际合作推进成员共同完善保险监管体系，以达到保护保单持有人利益，维持保险市场的效率、公平、安全和稳定，推动保险市场的健康发展，促进全球金融稳定等目标，其最重要的一项职能，就是制定国际保险监管规则。保险核心原则（Insurance Core Principles, 下称“核心原则”）是IAIS制定的最为重要的监管规则，是IAIS在研究各国（地区）保险监管规律、总结保险监管经验的基础上提出的保险业监管框架，其目的主要是帮助成员保险监管机构增强监管能力、提高监管水平、丰富监管手段和优化监管效果。核心原则是IAIS制定和实施各项政策文件的基础，也逐步得到了各成员的普遍认可。

第一版的核心原则颁布于2000年，随着各国保险监管实践不断发展，核心原则也持续保持修订的状态，呈现出内容越来越丰富、规则越来越详细、体系越来越清晰的特点，文件的指导性和可操作性也显著增强，逐步形成了以偿付能力为核心的三支柱监管框架，通过资本监管的软性约束引导保险公司调整自身经营目标、完善自我约束机制，并积极提倡将风险控制理念贯穿到监管实践的各个领域。

2008年爆发的国际金融危机暴露了既有金融监管体系存在的漏洞，各国偿付能力监管框架等金融监管基础制度随之加速改革，2011年10月，IAIS正式发布了新修订的核心原则，即核心原则（2011）。核心原则（2011）共有26条，内容包括保险监管机构、市场准入与公司治理、监管手段、资本充足性、市场行为和消费者保护，以及保险监管的新领域六个方面。总体来说，监管理念趋于严格，实施标准更为详细。目前，核心原则仍在各成员的共同努力下持续修订完善。

（三）借鉴国际，结合国情，建立具有中国特色的监管模式

世界上不存在一种适用于所有国家的保险监管模式，建立具有中国特色的保险监管模式，应当与中国的社会政治经济、法律文化制度环境相适应。需要充分考虑经济全球化和金融一体化的国际趋势，在借鉴成熟保险市场监管改革经验的基础上，结合我国经济转型期和保险业初级发展阶段的实际，

深刻把握新常态下保险业发展的时代特征，始终坚持稳中求进、改革创新的总基调，把“抓服务、严监管、防风险、促发展”贯穿于保险监管各个环节，大力推进监管的改革创新。遵循经济效益原则，正确处理安全与效率、风险与发展的关系，充分发挥政府监管“看得见的手”和市场竞争机制“看不见的手”的作用，使二者有机结合、相互补充、相互支持，达到政府力量与市场力量的动态平衡。持续强化公司治理、偿付能力、市场行为三支柱监管制度建设，形成理念科学、目标明确、架构合理、边界清晰、运行有效、具有国内影响力和国际话语权的现代化保险监管体系，为保险业抓住发展新机遇、开创发展新局面保驾护航。

二、“十二五”期间我国保险监管促发展的重要实践与成就

“十二五”期间，为了促进保险业健康稳定快速发展，从中国国情出发，借鉴国外经验，大胆改革创新，推动保险业发展取得了新成就。

（一）发展环境改善，政府重视度和社会认可度大幅度提升

保险业发展的政策环境极大改善。国务院发布《关于加快发展现代保险服务业的若干意见》，政府推动和政策支持的力度空前。“十三五”规划纲要中多处提到商业保险，国务院连续出台支持保险业发展的文件，国务院、中央军委批准《关于推进商业保险服务军队建设的指导意见》，保险业越来越多地融入党和国家工作全局。28 个部委出台了促进相关领域保险发展的 43 个政策性文件。35 个省区市出台了促进保险业发展的文件。保监会与 26 个地方政府签订了合作备忘录，在深圳、宁波等 6 个地方建立了保险创新综合示范区。

保险业发展的社会环境极大改善。26 个省区市党委中心组专题学习保险，地方政府对保险业有了全新的认识。保险进社区、进机关、进农村、进学校、

进企业走向深入，全社会学保险、懂保险、用保险的氛围日益浓厚。

保险业发展的舆论环境极大改善。综合运用传统媒体和新兴媒体，打造全方位保险宣传格局。五年来，人民日报、新华社、中央电视台等中央媒体对保险业的报道累计达到1200余篇，社会公众对保险的认知度极大提高。

（二）攻坚克难，行业进步和事业发展取得新成果

保险业市场化改革深入推进。在负债端，保险定价机制稳步推进，普通寿险、万能保险和分红保险费率市场化改革有序实施，商业车险费率改革试点范围进一步扩大。在资产端，按照“放开前端、管住后端”原则，逐步放开保险资金投资范围和比例限制，把投资权和风险责任更多交给市场主体，保险资金配置多元化格局初步形成，资金运用效率明显提升。

民生领域重点保险业务取得突破性进展。稳步实施城乡居民大病保险制度，实现社会保障与商业保险相结合的重大制度创新，积极探索用中国式办法解决医改世界性难题的有效途径。大病保险覆盖人口9.2亿，报销比例普遍提高了10到15个百分点，345万大病患者直接受益，有效缓解了因病致贫、因病返贫现象。《农业保险条例》正式颁布，农业保险持续健康发展的制度基础更加牢固。“十二五”期间，我国农业保险业务年均增速达21.2%，累计为10.4亿户次农户提供风险保障6.5万亿元，向1.2亿户次农户支付赔款914亿元。农业保险承保主要农作物14.5亿亩，占全国主要农作物播种面积的59%，其中三大口粮作物平均承保覆盖率超过70%，承保农作物品种达189类。我国农业保险市场规模居亚洲第一、全球第二。《建立城乡居民住宅地震巨灾保险制度实施方案》获国务院批准实施，成立中国城乡居民住宅地震巨灾保险共同体，深圳、宁波、云南、四川等地开展巨灾保险试点，巨灾保险制度建设取得突破性进展。商业健康保险税收优惠政策正式出台，激发了商业健康保险发展的潜力，拓展了商业保险与大健康产业结合的空间。

（三）保险监管实现重大制度变革，行业综合实力和国际影响力全面站上新台阶

保险监管制度世界领先。我们基于中国的实际情况，结合国际先进经验，建成了以风险为导向、从国情出发、具有国际可比性的第二代偿付能力监管制度体系，引领我国保险业和保险监管在全球保险市场占据重要一席。初步构建了中国特色的保险公司治理监管制度体系，被世界银行和国际货币基金组织评价为“发展中国家的典范”。

保险行业发展全球瞩目。“十二五”期间，全国保费收入从 2010 年的 1.3 万亿元增长到 2015 年的 2.4 万亿元，年均增长 13.4%。保险业总资产从 2010 年的 5 万亿元增长到 2015 年的 12 万亿元，成功实现翻番。行业利润从 2010 年的 837 亿元增长到 2015 年的 2823.6 亿元，增加了 2.4 倍。我国保险市场规模先后赶超德国、法国、英国，全球排名由第 6 位升至第 3 位，对国际保险市场增长的贡献度达 26%，居全球首位。

三、“十三五”期间保险业发展与监管的主要挑战和重点领域

综合判断国际国内形势，中国保险业仍处于大有可为的重要战略机遇期，但同时面临诸多问题和挑战，需要在八大领域重点开展工作。

（一）面临的形势和挑战

从经济形势来看，全球经济仍处于恢复调整阶段，存在不少新的不确定因素，我国经济面临一定的下行压力。从社会发展来看，工业化、信息化、城镇化和农业现代化，以及人口老龄化一方面将激发保险需求，催生新产品、新技术、新模式，另一方面将对保险管理和服务提出更高要求。保险发展不平衡、不协调的问题仍然突出，主要是发展方式粗放，经营管理水平不高；

创新能力不强，保险产品和服务不能完全满足市场需求；国内外市场互联互通，经济金融混业加快，风险防范压力较大；监管制度体系、手段、人才不能完全适应监管形势要求。

（二）重点领域

一是开拓创新，提高服务经济社会发展能力。深入贯彻实施京津冀协同发展、长江经济带、“一带一路”等国家重大项目部署，在风险保障、社会治理、灾害救助、三农服务等领域，创新保险业服务国家重大战略的机制和手段，提升行业服务水平。

二是服务民生，构筑保险民生保障网。积极参与社会保障体系建设，把商业保险建成社会保障体系的重要支柱，使商业保险逐步成为个人和家庭商业保障计划的主要承担者、企业发起的养老健康保障计划的重要提供者、社会保险市场化运作的积极参与者。

三是深化改革，增强行业可持续发展动力。坚持市场在保险资源配置中起决定性作用，聚焦重点领域和关键环节，深化各项体制机制改革，促进行业发展方式转变和结构调整，为行业健康发展提供持续动力。

四是提效升级，发挥保险资金支持经济建设作用。发挥保险资金长期投资的独特优势，不断扩大投资领域，进一步改革创新资金运用方式，优化保险资金配置，提高保险资金服务实体经济效率。

五是开放发展，提升保险业国际竞争力。深刻理解国家建设开放型经济体制的战略部署，积极主动对接国家“一带一路”、自由贸易区等重大项目的实施，推动保险企业和保险监管“走出去”，开创对外开放新格局。

六是加强监管，筑牢风险防范底线。坚持机构监管与功能监管相统一，宏观审慎监管与微观审慎监管相统一，完善公司治理、偿付能力和市场行为“三支柱”监管制度，建立全面风险管理体系，牢牢守住不发生系统性、区域性风险底线。

七是夯实基础，持续改善保险业发展环境。坚持依法合规，秉持诚信立业，凝聚智力支持，完善基础设施，提升保险意识，为保险业健康发展提供根本支撑和营造良好环境。

八是注重人才，建设高素质人才队伍。全面实施人才兴业战略，坚持以人为本，提升人才素质，优化人才结构，建立适应行业发展的管理人才、技术人才、营销人才和监管人才队伍，夯实保险业科学发展的人才基础。

深化供给侧结构性改革
谱写保险业发展新篇章

推进供给侧结构性改革，是应对当前保险业所面临挑战的对症良药，是保持行业持续健康快速发展的必然选择，也是建设现代保险强国的必由之路。当前，我国保险业发展正处在重要战略机遇期，应加快推进供给侧结构性改革，提高保险资源的配置效率，更好地服务实体经济发展需要，满足广大人民群众的保险需求，为全面建成小康社会做出应有贡献。

2015年底召开的中央经济工作会议提出，要着力推进供给侧结构性改革，从提高供给质量出发，用改革的办法推进结构调整，矫正要素配置扭曲，扩大有效供给，提高供给结构对需求变化的适应性和灵活性，促进经济社会持续健康发展，更好地满足广大人民群众的需要。推进供给侧结构性改革，是以习近平同志为核心的党中央提出的重大战略思想，是适应和引领经济发展新常态的重大创新，是适应国际金融危机发生后中国综合国力竞争新形势的主动选择。作为现代金融服务业的重要组成部分，保险业深化供给侧结构性改革，不仅是贯彻党中央、国务院重大战略部署的重要内容，也是推动行业长期健康持续发展的重要手段。

① 本文发表于《清华金融评论》2016年第11期

一、推进供给侧结构性改革是保险业持续健康发展的迫切需要

党的十八大以来，在党中央、国务院的坚强领导下，保险业紧紧围绕着党和国家的中心工作大局，凝神聚力，团结奋进，实现了持续快速健康发展，在完善现代金融体系、健全社会保障体系、服务三农发展、促进经济增长、创新社会管理方面发挥的作用越来越明显。2015 年，实现保费收入 2.4 万亿元，我国已经成为全球第三大保险市场；实现利润 2824 亿元，是国际金融危机以来的最高水平。

2016 年 1 ~ 8 月，实现保费收入 2.30 万亿元，同比增长 34.68%；总资产超过 14 万亿元，达 14.48 万亿元；资金运用余额超过 12 万亿元，达 12.74 万亿元。国际经验表明，人均 GDP 达到 8000 美元 ~ 12000 美元是保险业需求最旺盛的阶段。2015 年，我国人均 GDP 为 5.2 万元，约合 8016 美元，正好处于这一时期。总体看，目前在我国保险业依然是朝阳行业，具有巨大发展潜力，加之今后几年也是我国努力跨越中等收入陷阱、全面建成小康社会的攻坚阶段，保险业在未来一段时间将仍处于实现跨越式发展的重要战略机遇期，发展前景依然乐观。

在看到成绩和机遇的同时，也要深刻认识到，目前保险业还面临一系列严峻挑战。一方面，当前保险业发展面临着复杂的国际国内环境，对行业快速可持续发展构成较大压力。从全球经济形势来看，当前世界经济格局正在经历大调整大变革大分化，国际金融危机深层次影响在相当长时期内依然存在，世界经济在短期内仍难有大的起色。从国内经济形势看，发展方式粗放、部分行业产能过剩、资源约束趋紧、生态环境恶化、区域发展不平衡等问题依然突出，供给侧改革任务繁重，实现稳定增长困难仍然很大。从与保险业关系密切的资本市场的情况看，近段时期全球资本市场波动明显加大，尤其是近年我国资本市场出现异常波动，影响了保险公司的投资收益。另一方面，

从市场供求来看，保险业在长期快速发展中积累的矛盾没有根本解决。在供给层面，保险产品供需错位现象较为突出。尽管保险机构报批报备的产品成千上万，但在市场上有销路、能够形成规模的并不多，大量保险产品不能满足现实需求，造成严重的市场供需脱节和结构失衡。在需求层面，保险市场巨大的潜在需求得不到有效满足。寿险功能定位不清晰、不准确，主要依靠分红型产品和其他投资型产品占领市场，寿险业的经济保障和长期优势难以显现；产险业对重大灾害事故造成损失的补偿比例不高，发挥的经济补偿和保障作用非常有限。这些长期积累的问题和矛盾制约着保险业的持续健康发展，影响着保险功能作用的有效发挥。

推进保险业供给侧结构性改革，是贯彻落实中央精神的重要举措，是应对当前保险业面临严峻挑战的对症良药，是保持行业持续健康快速发展的必然选择，是建设现代保险强国的必由之路。

二、推进保险业供给侧结构性改革的六个着力点

供给侧结构性改革为保险业的持续健康发展指明了新方向，提出了新要求，创造了发展新机遇。保险业"十三五"规划纲要明确指出，"十三五"时期，保险业要以供给侧结构性改革为主线，以扩大有效保险供给、满足社会日益增长的多元化保险服务需求为出发点，提高发展质量和效益，建设有市场竞争力、富有创造力和充满活力的现代保险服务业。加快推进供给侧结构性改革，是当前金融业面临的一个重大课题，也是保险业改革创新的主攻方向，对促进保险业持续健康发展，具有重要的现实意义。当前，保险业在服务供给侧结构性改革方面已经具备一定实力和基础。未来一段时间，保险业将深入推进供给侧结构性改革，为行业健康快速发展提供不竭动力。

一是深化保险业供给侧结构性改革，适应保险消费需求升级的新变化。当前，人民群众保险意识逐步增强，保险需求日益增长，消费需求不断升级，

对保险服务的要求也越来越高，要引导保险业积极应对消费者的需求新变化，促进保险产品和保险服务升级，增强保险供给对需求变化的适应性和灵活性。一方面，优化保险产品供给，增强保险的普惠性。对接政府职能转变、社会结构转型、中产阶级崛起和消费习惯变化带来的新需求，大力发展保险新产品。特别是围绕服务脱贫攻坚，大力发展农业保险、大病保险、民生保险等扶贫业务，让老百姓有更多的获得感，顺应人民群众更高水平的社会保障需求。鼓励保险业深度参与健康产业链、养老服务业发展，推动税收优惠健康保险、税延型养老保险、老年人住房反向抵押保险等方面的产品和服务创新，为完善多层次社会保障体系建设做出应有贡献。另一方面，提升保险服务水平，提高消费者满意度。综合运用多种手段整治市场秩序，加大信息披露，完善保险公司服务评价体系，让消费者能够得到充分的权益保障。同时，加强保险消费者教育，从营销、承保、理赔、经办等环节全流程推动保险机构提高服务水平，推动服务网络向基层和薄弱地区延伸和倾斜，促使保险机构为消费者提供更便捷、更贴心、更全面的保险保障服务，让消费者在每一次保险消费中都能够体验“保险让生活更美好”的深刻内涵。

二是深化保险监管供给侧结构性改革，适应有效防范化解风险的新要求。近年来，保监会坚持把防范和化解风险作为行业发展的生命线，大力推进保险监管体系和监管能力的现代化建设，建成了以公司治理监管、市场行为监管、偿付能力监管为支柱的现代公司治理和保险监管体系。特别是这几年来，大力推进第二代偿付能力制度建设，带动监管体系的升级换代，不仅对我国保险监管具有里程碑意义，对国际保险监管体系建设也有原创性贡献。下一步，要坚持维护公平与促进效率相统一、机构监管与功能监管相统一、宏观审慎与微观审慎监管相统一、原则监管与规则监管相统一等原则，更加注重发挥“偿二代”在风险防控中的核心作用，强化偿付能力的刚性约束，加强保险集团的并表监管，推进系统重要性保险机构监管，加大对保险机构资本金充足性的管理力度。要将偿付能力监管、产品监管、机构准入、重大项目、资金运用信息披露等作为监管重点，实施联动监管，进一步完善监管制度，推进关键监管环节的规章制度制定；探索负面清单监管模式，按照“放开前端、管住后端”的改革思路，改进监管方式，强化过程监管、信息披露和监管资源整合，不断提升监管的针对性和有效性，切实守住不发生系统性和区域性风险的底线。

三是深化保险产品定价机制改革，适应市场在配置资源中发挥决定性作用的新实践。这几年，保监会着眼于加快建立符合市场经济规律的费率形成机制，在推进保险产品定价制度改革方面取得明显成效。人身险方面，2015年费率市场化改革全面完成，极大激发了市场活力，普通型人身保险主流产品价格降幅在20%左右，万能险、分红险、人身保险产品价格降幅在15%左右，人身保险费率改革产品数量累计超过1800个，消费者选择的空间更大，并得到了更多的实惠。下一步，要把人身险费率市场化改革向纵深推进，全面系统地修订人身险条例和条款费率及健康保险管理办法，稳步推进意外险定价机制改革。商业车险方面，从改革试点情况看，消费者获得保障扩大和平均保费下降双重利好，保险经营的经济效益和社会效益同步提升。截至2015年底，首批六个试点地区的商业车险单价保费下降了大约8%。下一步，将稳步加快商业车险市场化进程，尽快在全国范围内实施商业车险改革，丰富商业车险示范产品体系，完善商业车险创新型产品形成机制，提高保险公司定价自主权，不断巩固和扩大商业车险改革成果。

四是深化保险资金运用市场化改革，适应大资管趋势的新需要。2012年以来，保监会深入推进以放宽投资领域，实行大类资产比例管理，推行注册制改革为主要内容的资金运用市场化改革，效果明显。近年来，保险资金的配置结构更加多元化，资金运用的收益逐步提升，从2010年的平均收益率3.4%，上升到2015年的7.6%。保险资管产品的发行效率显著提升，截至2015年底，保险机构累计发行各类股权和保险支持计划499个，合计备案的资金规模超过1.3万亿元，进一步丰富了资管产品的层次和类型，有利于更好地服务实体经济发展。下一步，要坚持服务于国家经济发展战略和实体经济的主攻方向，在坚持风险责任与自主权利、投资范围与投资能力相匹配的前提下，赋予市场主体更多的投资自主权、选择权和风险判断权，鼓励和推动保险机构创新金融工具。在2015年国务院批准的中国保险投资基金公司的基础之上，进一步发挥保险资金长期性投资这一特点，体现资金优势和管理优势，大力发展保险私募基金、股债结合、优先股、资产支持计划来支持“一带一路”和国家重大项目实施及重大民生工程建设，更好服务科技型小微企业和战略新兴产业发展，充分体现保险的功能和作用。

五是深化保险市场准入和退出机制改革，适应优化市场结构的新格局。这几年，保监会着眼于完善市场体系，增强市场竞争活力，积极稳步增加市场主体，保险公司从2012年的164家增加到2016年的200余家，初步构建了主体多元、组织形式多样、市场化程度较高的保险市场格局。超过百家企业排队申请保险牌照，表明社会资本对保险业发展前景充满了信心。下一步，要继续坚持自身条件过硬、服务国家战略、兼顾区域平衡、加强区域创新等原则，坚持保险姓“保”，严把市场准入关，支持和鼓励想经营、能经营、善经营的社会资本投资到保险业里来，积极发展自保、相互和互联网等新型保险组织及再保险等专业市场，积极支持符合条件的保险公司在境内外上市及在新三板挂牌。同时，坚持和完善多层次市场退出机制，研究制定保险机构整顿、接管程序等相关规定，加快区域性市场的退出实践，实现扶优限劣，推进保险市场的有序健康发展。

六是深化保险扶贫模式创新，适应打赢保险业助推脱贫攻坚战的新形势。打赢脱贫攻坚战是全面建成小康社会的重大任务，事关第一个百年奋斗目标的实现，事关人民群众福祉，事关党的执政基础，事关国家长治久安。保险扶贫是保险业义不容辞的社会责任，是中央赋予保险业的重大政治任务，是新一轮扶贫开发中适应市场经济要求的新举措，也是脱贫攻坚的有力支撑。长期以来，保险业积极履行社会责任、服务经济社会大局，在助推脱贫攻坚方面做了许多工作，取得了一定的经验和成效，涌现出一大批可复制可推广的经验典型，获得国务院领导同志的多次批示和肯定。下一步，保险业要紧紧围绕国家“精准扶贫、精准脱贫”基本方略，准确把握总体要求，坚持定向、精准、特惠、创新原则，聚焦脱贫攻坚工作重点难点领域，精准对接建档立卡贫困人口保险需求，主动创新保险扶贫模式，发挥保险在减少因灾因病返贫致贫、优化扶贫资源配置、促进贫困地区产业发展等方面的独特优势，凝聚行业决心和力量，以高度的使命感和责任感，努力实现贫困地区保险服务到村到户到人，对贫困人口“愿保尽保”，确保党中央国务院各项要求在保险业得到不折不扣的落实，为实现打赢脱贫攻坚战、全面建成小康社会提供有力的保险支撑。

“一带一路”建设中的保险服务

2013年秋，习近平主席提出了建设“丝绸之路经济带和21世纪海上丝绸之路”的重要构想。“一带一路”建设构想框架从规划到实施，为中国企业“走出去”开展多种形式海外经济合作提供了新引擎，带来了历史性的新契机。保险业为“一带一路”建设提供风险管理服务、项目融资支持和保险需求研究，既是全球金融发展的需要，更是保险业服务实体经济发展，落实企业“走出去”战略，更好地发挥功能作用的一项重要工作。

一、保险业如何在“一带一路”建设中发挥作用

“一带一路”建设是我国保险业改革发展的新时空。“一带一路”沿线共有64个国家、途径100多个城市，大多数是新兴经济体和发展中国家，总人口约44亿，经济总量约21万亿美元，分别占全球的63%和29%，是目前全球贸易和跨境投资增长最快的地区之一。中信保认定这些国家的风险水平为5.5级左右，中国企业“走出去”沿线各国将可能面临较多的政治、经济、法律和违约风险。保险业在对“一带一路”建设的互联互通、项目投资、贸

① 本文发表于《中国金融》2016年第24期

易合作，特别是风险比较集中的能源、资源、装备、工程等合作领域，工程保险、责任保险、货物运输保险、船舶保险、能源保险、海外投资保险、信用保险、重装备保险，以及海外工程的财产保险均可以有力地发挥风险管理和保障作用。对于一些特种保险需求，保险机构还可以通过共保体和再保险的方式，提供全面的风险保障解决方案。

“一带一路”建设中保险服务链还可以延伸开展一些针对留学、旅游、科技合作等各种活动的保险服务，可以为跨境人员流动量身定做各类人身意外险、旅游险、重大疾病险和海外医疗救护等充分的保险保障。“一带一路”建设项目的落地实施，将为保险业提供丰富的可保资源和极其广阔的发展空间。“一带一路”企业海外投资是保险风险管理方案载体，保险是不可或缺的风险管理解决方案。保险作为风险转移的重要方式，既可以通过保险合同转移企业的经济风险，也可以通过保险专业的风险管理机制，不断延伸风险管理的链条，降低受损企业风险事故带来的经济损失。保险机构从产品开发、确定费率，到承保、理赔各个环节，都要直接与各类灾害事故或各种人为的风险打交道，保险具有识别衡量和分析风险的专业知识，这种独特之处是其他金融服务不可代替的。

保险业必须加强市场调查研究，根据各国家、各行业的发展变化，提供国别和行业风险分析报告，制作风险管理手册，采用事前预防、事中介入、事后补偿的方式，主动向企业提供风险咨询建议，积极发挥保险风险管理的作用，促进“一带一路”的项目成功落地和相关企业的可持续发展。

“一带一路”企业海外投资是保险选择融资服务的目标。目前，中国保险业的跨境服务仍处在起步阶段，发展速度相对滞后。近几年一系列政策的出台表明，我国开始逐步推进保险资产配置多元化和全球化进程，进一步提升保险资金境外投资能力建设水平。2015 年，国务院批准保监会设立 3000 亿元的中国保险投资基金，其中不少项目是服务于“一带一路”基础设施建设的，这不仅有利于创新保险资金运用方式，提高资金的运作效率，也更好地推动了保险资金有序集中服务“一带一路”建设。

二、保险服务如何贴近“一带一路”企业需要

（一）构建有利于企业的保险服务体系

稳步推动国内有条件的保险机构“走出去”，鼓励资本实力雄厚、境外业务有一定规模且有经营管理经验的保险机构在“一带一路”沿线的重点区域铺设机构网点，为“一带一路”保险服务提供有效载体。借助“互联网 +”等手段创新跨境保险模式，探索跨境保险项目“共保体”等合作模式，形成资源共享和共同发展，提升我国保险机构的国际竞争力。

（二）构建方便于企业了解国别风险的咨询服务体系

“一带一路”沿线国家众多，其政治、经济、社会、法律、投资环境和商业制度惯例与我国有很大差别，出口企业往往难以掌握足够信息以区别对待、趋利避害，投资方向选择存在不同程度的偏差，面临着很大的政治、经济、法律风险。保险机构可发挥自身在风险管理、数据收集、信息处理等方面的技术优势，为我国企业提供“一带一路”沿线国家的国别风险指导、数据参考和信息咨询，让企业理性地选择目标客户和优势市场。通过全球资信渠道帮助企业调查海外买家、行业发展、国外合作伙伴等方面的资信状况，为企业科学决策提供依据。

（三）构建适用于企业海外投资的保险保障体系

“一带一路”建设将极大地促进我国的境外直接投资。保险机构提供的海外投资保险产品，是中国为了支持本国企业“走出去”，针对能源、矿产等资源及战略型产业并购等投资项目而批准开办的。保险机构要充分运用海

外投资保险，服务于我国“走出去”企业开展涉及征收、违约、经营中断、战争及政治暴乱、汇兑限制等风险的海外投资保障，优先支持能源资源合作、优势产能转移、农业投资合作项目以及收购类业务等领域，提高我国企业海外权益保障，助推我国企业开辟海外市场，扩大产品出口。

（四）构建专用于小微企业海外发展的服务体系

保险业应当有针对性地开发专用于小微企业保险产品，量身定做保险服务。我国企业在进行产业转移和开拓市场的过程中，得到的往往是很多中小型投资和承保项目，开展贸易的也大多为小微企业。我国保险机构应设计创新出口信用保险产品，积极推出小额出口信用保险产品，提高小微企业的参保率，着重小微企业的特殊保险需求，探索制定个性化的承保方案。

（五）构建着重于“一带一路”建设的保险服务研究体系

现在各保险机构都已依托现有机构成立了“一带一路”保险项目小组，积极研究探索海外市场的发展环境，规划海外市场发展的路径，研究海外市场规律，同时跟踪在海外服务的中国企业，着重于服务海外投资的项目、区域和领域。监管部门特别批准开展短期出口信用保险资格的公司，提高保险机构服务实体经济的能力，特别是服务企业“走出去”的能力。

（六）构建区别于传统保险业务的风险管理体系

保险业支持中国的装备制造业“走出去”，推动国际产能和装备制造合作，这对我国保险机构是全新的服务检验。中国企业已经具备了走向世界的能力，特别是像高铁、重装备、基础设施建设等领域堪称世界一流。保险业要加大对技术装备发展提供风险管理的支持力度，开发更加实用、针对性更强的航天、航空、核能保险产品。还有一些工程量大、运营时间长的项目，如中亚的天然气管道、中石化在哈萨克斯坦的石油工程项目等海外工程，保险机构都要发挥风险管理咨询专家作用，提供好保险服务，让这些项目更好地体现社会效益和经济效益。

三、保险业如何做好“一带一路”建设服务

在推动“一带一路”建设的过程中，保险业要立足“治理体系和治理能力现代化”要求，全面落实“新国十条”的政策措施，但保险业仍面临各种各样的困难和挑战，为此，还需要从宏观层面加强筹划和安排。

加强保险服务的顶层设计。从行业层面，要积极推动把保险机制作为一项制度性安排纳入国家“一带一路”建设的总体布局之中，加快出台保险业服务“一带一路”建设的指导意见，推动出台保险业服务“一带一路”建设的鼓励政策。要积极对接国家战略，制定参与“一带一路”的规划设想和实施方案，并从长远规划与现实发展中找到结合点、找到融入“一带一路”建设大局的有效途径。

加强保险监管的国际合作。“一带一路”沿线国家的保险监管环境复杂，法律环境、社会信用环境参差不齐，监管部门要继续加强与沿线各国保险监管部门的沟通和合作，加强信息交流。

搭建国际化的保险经营服务网络。随着“一带一路”倡议的不断推进，保险机构承保的项目分布的国家越来越多，面临的风险也更加多样。这就需要我国保险机构与“一带一路”区域内国家骨干保险公司、保险监管机构加强沟通联系与务实合作，加强信息、人员、技术等方面的共享与互通。我国具备一定资信和资金实力的保险公司，可在与我国有频繁贸易往来的“一带一路”沿线国家设立保险营业性机构，便于搜集相关的保险信息，逐步建立健全国际化的保险经营服务网络，增强我国境外保险服务规模与实力，在促进中外企业的合作上发挥独特作用，更全面地服务“一带一路”建设。

深化保险改革
维护金融安全

保险业是现代金融业的重要组成部分，不断加强保险监管，是维护金融安全，促进保险业稳定健康发展的一项重大任务。

金融是现代经济的血脉，金融稳，经济稳；金融活，经济活。纵观世界历史，经济大国崛起的过程都离不开金融的强有力支撑，离不开金融市场优化资源配置的重要功能。金融安全是国家安全的重要组成部分，是经济平稳健康发展的重要基础。维护金融安全，是关系我国经济社会发展全局的战略性、根本性大事，对促进国家经济安全、社会安定和政治稳定都具有极为重要的意义。保险业是现代金融业的重要组成部分。不断加强保险业监管，也是维护金融安全，促进保险业稳定健康发展的一项重大任务。

一、加强保险市场监管维护市场稳定具有十分重要意义

（一）事关国家经济金融安全和社会稳定大局

保险业是现代金融业的重要组成部分，与资本市场、货币市场有着紧密

① 本文发表于《清华金融评论》2017 年第 11 期

联系，也是社会保障体系的重要组成部分，与人民群众的生产生活息息相关。随着保险业市场化程度的提高、金融业综合发展趋势的增强，金融市场各要素之间的相互影响越来越大。保险监管面临的风险总量在增加，风险结构日趋复杂，风险跨国界、跨行业、跨机构传递的可能性不断加大，监管的责任和任务越来越重、难度也越来越大。此外，保险业风险具有隐蔽性、长期性和复杂性的特点，如果不能及时加以预防和控制，则会影响金融保险市场的稳定和发展。加强保险监管，防范保险市场运行风险，维护保险市场健康稳定运行，事关国家经济金融安全，事关社会稳定大局，是保险监管部门肩负的重要职责。

（二）事关保险业稳定健康发展的重要保障

经济越发展、社会越进步，保险越重要。党的十八大以来，在党中央国务院的正确领导下，保险业实现了持续较快增长，保险的功能作用日益渗透到经济社会的各个领域和人民生活的各个方面。党中央国务院历来高度重视金融风险防控，习近平总书记强调，要把防控金融风险放到更加重要的位置，强化统筹协调，及时弥补监管短板，坚决治理市场乱象，提升金融服务实体经济的质量和水平。加强保险监管，有效防范化解风险，既是保障广大被保险人利益的必然要求，也是保险监管机构履行工作职责、维护保险业稳定健康发展的重要保障，还是促进保险功能作用充分发挥，服务建设全面小康社会的必然要求。

（三）事关解决当前保险业突出问题的现实需要

当前，部分保险机构急功近利、贪快求全，造成诸多市场问题，保险监管制度还存在一些短板，对风险的本质和演变的警惕性不够高，对保险创新业务的监管规则还不够严密，监管机制的统筹协调尚待进一步完善等。保险业在快速发展过程中存在一些突出风险和问题，主要表现为：在利率环境错综复杂、资产配置难度加大的背景下，少数保险公司发展模式激进，资产与负债严重错配，存在较大的流动性风险隐患；部分保险机构公司治理不完善、内控制度不健全，存在股东虚假注资、内部人控制等问题；行业整体偿付能力保持充足，但个体分化明显，偿付能力下降和处于关注区域的公司数量有所增加，局部风险增大，风险点较多；一些保险机构盲目跨领域跨市场并购，个别保险资管产品多层嵌套，极易产生风险交叉传递。解决当前保险业面临的突出风险和问题，要求保险监管系统切实把思想和行动统一到党中央、国务院对金融保险工作的要求和部署上来，深入做好制度监管漏洞排查，加快补足监管制度短板，全面强化微观审慎监管，清理整顿保险市场秩序，切实担负起防控风险和引导保险业健康发展的责任。

（四）事关适应金融保险监管发展趋势的必然要求

当前，金融保险监管正呈现出新的发展趋势：在金融机构综合经营情况下，监管方式要从单纯的机构监管向功能监管、行为监管方向转变，即针对金融保险产品的基本功能而非金融机构的业务分工来确定相应的监管部门和监管规则，尽量减少监管职能的冲突、交叉重叠和盲区，保持监管政策较强的协调性、连续性和一致性；强调只有发挥好市场在金融资源配置中的决定性作用和更好发挥政府的监管作用，才能有效提高防范化解金融风险的能力，促进金融安全稳健运行；注重分析金融监管的成本和收益，以最小的监管成本取得最大的监管成效；强调对监管者的问责力度，防止金融监管的主观性和随意性。我国金融保险业要实现稳定健康发展，就必须适应这些新的发展趋势，以提高监管效能为着力点，立足维护国家金融安全，突出功能监管，更加重视行为监管，加快完善适应发展新形势的现代金融保险监管体系。

二、当前加强保险监管面临的困难和挑战

党的十八大以来，保险业在党中央、国务院的正确领导下，围绕经济发展中心、服务供给侧改革大局、深化行业体制机制改革、提升监管能力、坚守不发生系统性金融风险的底线，各方面工作不断突破，取得了积极进展。5年来，保费收入实现翻番，2016年达到3.1万亿元，先后赶超德国、法国、英国，跃居世界第3位。保险业服务大局能力显著提升，2016年为全社会提供风险保障2373万亿元，是国内生产总值（GDP）的32倍，是2012年的3倍。偿二代监管制度体系正式实施，偿付能力、公司治理、市场行为“三支柱”现代保险监管框架日趋完善。近来，保险业坚决执行中央经济工作会议和深入贯彻全国金融工作会议精神，深入学习领会习近平总书记关于金融工作的重要指示精神，锚定正确方向，提高政治站位，积极稳妥推进防风险、治乱象、补短板和服务实体经济工作，促进了保险市场的稳健运行，维护了金融安全。在取得成绩的同时，我们要保持冷静的头脑，坚持问题导向，厘清行业面临的严峻挑战，处置紧迫的风险隐患。

（一）保险监管面临严峻的经济形势变化

一是国内国际经济形势复杂多变。一方面，世界经济不确定性已久，复苏之路艰辛。英国脱欧引发政治经济风险，日元大幅贬值，新兴经济体表现各异，对我国保险业“走出去”造成了不容忽视的影响。2016年全球保费增量1500亿欧元，中国贡献了700亿欧元，约占47%。随着我国保险业与全球经济联系的日益紧密，涉外的政治、法律、市场、信用等风险随之增大。另一方面，我国国内经济发展继续保持稳中向好态势，但也存在有效需求不足、经济体杠杆率过高等诸多制约经济发展的风险，这些风险是保险业发展过程中必须面对的重大挑战。

二是宏观政策调整较大。2017 年 3 月下旬以来，银监会连续发文剑指银行各类经营管理中存在的金融风险，金融严监管步步为营，加之美国继续加息甚至缩表，外患渐行渐近。利率市场持续深化，短期利率波动不断加大，中长期利率预期难度增加，直接影响了保险资金的运用水平，提高了资产负债的管理难度，特别是对长期寿险的影响较大。“8 · 11”汇改之后，央行通过反向的公开市场操作，逐渐收紧对资本外流的控制，不断调整人民币兑美元中间价定价机制来维持汇率的稳定，取得了一定成效，但影响人民币汇率稳定的不确定因素仍然存在，对险资海外投资并购将产生较大的影响。

三是金融市场风险传递。保险资金具有期限长、成本低、规模大、供给稳等多重优势，保险业已经成为资本市场上重要的机构投资者和国家重点基础设施重要的资金提供者。截至 2017 年 8 月底，累计发起设立各类债权、股权投资计划 733 项，合计备案（注册）规模 18384 亿元。我国保险资金约 35% 配置于债券资产，债券市场违约事件的增多对保险业来说是极大的考验。一些保险公司权益价格风险最低资本占比高达 80% 以上，个别公司超过 90%，大大增加了潜在风险。另外，网络借贷、互联网金融等风险高发领域，也可能把风险传递给保险业。

（二）保险行业自身存在的问题为监管带来挑战

一是服务实体经济的能力有待提高。服务实体经济是保险业的本职工作，2017 年 5 月，保监会发布《中国保监会关于保险业支持实体经济发展的指导意见》，从风险保障、投资融资、创新服务、改进监管等四方面提出重点政策措施。目前，我国保险密度为 337.1 美元，远低于世界平均水平 638.3 美元，与发达国家美国 4174 美元和英国 4064 美元更是差距甚大；我国保险深度为 4.2%，也同样低于世界平均水平 6.3%，同期美国为 7.3%、英国为 10.2%。在人身保障方面，我国寿险保单持有人只占总人口的 8%，人均持有保单仅有 0.13 张，而美国为 3.5 张、日本为 8 张。发达国家由保险机制负担的巨灾经济损失份额显著增加，目前基本稳定在 30% ~ 40%，而我国保险赔款占灾害损失的比率相对较低，主要依靠灾后紧急财政拨款、社会捐助等被动的灾后补偿机制，保险的功能和作用尚未充分发挥。

二是行业内的风险隐患亟须排除。2017 年上半年，我国保险业综合偿付能力充足率 235%，核心偿付能力充足率 220%，显著高于 100% 和 50% 的偿付能力达标线，风险总体可控，但风险形势依然比较严峻，局部流动性风险、少数问题公司风险、行业面临的信用风险和数据真实性风险等值得关注。其中，最为突出的就是流动性风险。2017 年上半年，人身险公司退保金达 7795 亿元，同比增长 44%；退保率达 5.03%，较去年同期增加 1.17 个百分点。全行业经营活动现金流净额仅为 4077 亿元，同比减少 63.1%。有 58 家公司经营活动现金流净额为负值，包括财产险公司 33 家、人身险公司 25 家，有 4 家公司偿付能力充足率不达标。

三是市场问题较多。2017 年以来，保险监管部门专项检查共发现问题 2300 多个，涉及金额近 10 亿元。保险行业存在的问题主要为虚假出资、公司治理乱象、资金运用乱象、产品不当创新、销售误导、理赔难、违规套取费用、数据造假等。数据显示，2017 年上半年保监会系统共对 306 家保险机构和 447 人实施行政处罚，其中罚款 6369 万元，处罚机构家数、人数及罚款金额分别同比增长 31%、18% 和 21%。此外，重大行政处罚亦有增加，2017 年上半年保监会共禁止 4 人进入保险业，责令 13 家保险机构停止接受新业务。在未来一段时间内，防风险、治乱象将依然是金融业主基调。

（三）保险监管工作水平有待提升

一是监管的理念和定位问题。监管定位，影响着政策制定和执行，监管定位出现偏差，政策制定和执行就会跑偏。过去，保险监管在理念和定位上出现了一定偏差，在市场的发展和安全之间，过度强调促进发展的重要性，把保费增速和行业利润当作衡量监管工作成绩的主要标准，维护市场稳定不够，导致过多顾及一些保险公司的诉求，对市场风险防控、市场秩序规范、保险消费者权益保护明显不足；政策执行存在不到位、不彻底的情况，监管处罚也有从轻从宽倾向，降低了违规成本，弱化了保险监管的权威性和有效性。

二是保险监管制度建设问题。一方面，现有制度对个别产品粗放发展、业务结构失衡、少数公司无序举牌冲击实体经济等问题不敏感，管控错失良机，给不良资本可乘之机；另一方面，有些制度出台前缺乏充足的研究论证，在借鉴国际经验时没有很好考虑中国国情，出台后又对执行效果没有进行有效的后续跟踪评估，滞后于市场变化，对新技术、新领域、新业务的特征理解不深，影响了监管效率。

三是监管工作责任和能力问题。严监管是审视保险监管责任是否到位的检验标准。保险监管责任心不强，甚至不敢担责，绕着问题走，导致监管宽松软。监管不严的另一个原因是监管能力不足，一些监管措施对问题抓不到本质、抓不住关键，导致治标不治本，针对性和操作性不强。大数据、云计算、移动互联网、人工智能等现代信息技术在保险业不断得到运用，有利于增强保险监管的科学性和有效性，但保险监管的专业性和知识储备存在短板，特别是非现场监管和跨市场领域监管，影响了新技术的及时引进和有效运用。

三、提升保险监管能力　维护金融安全的路径选择

保险行业事关千家万户，保险监管事关社会全局。当前，保险改革和监管还存在很多问题和严峻挑战，保险监管责任重大。当前和今后一个时期，保险监管要紧紧围绕服务实体经济、防控风险、深化改革三项任务，强化保险监管，健全现代保险企业制度，完善保险市场体系，加快转变发展方式，使保险业真正成为促进经济发展、维护金融安全、改善民生保障、创新社会治理的重要力量。

（一）坚持党对金融工作领导，确保金融保险事业始终行进在正确的道路上

党的领导是做好金融保险监管工作的首要前提和政治保证。金融保险监管必须进一步提高监管的政治站位和政治定位，牢固树立和自觉践行政治意识、大局意识、核心意识、看齐意识，坚决维护以习近平同志为核心的党中央权威，始终同以习近平同志为核心的党中央保持高度一致，从巩固党的执政地位、维护国家金融安全的高度，深刻认识做好金融保险监管工作的重要意义。同时，要站在党和国家事业发展全局和战略的高度，坚定信心、知难而进、真抓实干，引领保险业协调推进“四个全面”战略布局，统筹推进“五位一体”总体布局，在服务于实现中华民族伟大复兴中国梦的伟大进程中发挥积极作用。

（二）坚持正确的监管定位和监管从严，弥补监管短板

明确金融保险监管定位是做好监管工作的“纲”，纲举才能目张。监管要明确自身的职责定位，切实履行好监管责任，坚持依法监管、科学监管、全面监管、协同监管，彻底厘清监管与发展的关系，彻底摒弃本位主义和“父爱主义”的错误观念，坚持“监管是核心职能、做好监管是首要任务、做不好监管是失职渎职”这一理念不动摇，决不能以任何理由放松监管、懈怠监管。要坚持监管从严，从严监管是维护监管权威、履行监管职责的重要条件。只有从严监管，才能形成正确的市场预期和导向，才能维护正常的市场秩序。金融保险监管必须坚持“严”字当先、敢于亮剑、敢于碰硬，勇于“揭盖子”“打板子”，坚持严罚重处，始终保持整治保险乱象的高压态势，牢牢守住不发生系统性金融风险的底线。要进一步完善监管制度，健全监管体系，补齐监管制度短板，织密监管规则，填补监管漏洞，建立健全符合我国国情的金融保险监管制度体系，加强功能监管，强化行为监管，切实提升监管的专业性、

统一性和穿透性。

（三）注重防范化解风险，坚守风险底线

风险防范是金融业发展永恒的主题。当前保险行业面临的风险形势错综复杂，保险监管工作面临的形势十分严峻。保险监管必须以时不我待的决心和勇气，坚持审慎监管、稳妥处置风险，强化问责体系，有效防范和及时化解潜在金融风险，牢牢守住行业风险底线，切实维护行业安全稳健运行。一要增强忧患意识、责任意识，居安思危、未雨绸缪，紧紧抓住坚守风险底线这个根本；坚持将防范化解风险作为金融工作生命线，把存在的问题分析得更透彻一些，把应对的措施准备得更充分一些；二要切实增强做好保险工作的紧迫性，要继续完善保护保险消费者合法权益的长效机制，做好群众信访工作，把问题和矛盾解决在萌芽状态；三要坚持内紧外松，稳妥审慎做好重点问题公司风险处置工作，杜绝出现“处置风险的风险”。

（四）强化责任担当，加快推进监管队伍建设

加强监管干部队伍建设是保险监管事业发展的有力人才支撑和坚强组织保障，保险监管系统要强化责任担当，加快推进保险监管队伍建设。一要切实加强监管干部队伍的党建工作，增强党领导保险工作的能力，抓好领导班子建设，强化对关键岗位，重要人员特别是一把手的监督；二要切实加强监管干部作风建设，坚决落实中央八项规定和反四风精神，推动工作向高标准看齐；三要通过干部调训、干部选学、集中培训、境外培训、党校培训等，不断加强保险监管队伍的理想信念教育、党性教育和纪律教育，不断强化责任意识和担当精神，不断强化对市场新情况新问题的研究；四要大力培养、选拔、监管政治过硬、作风优良、业务精通的保险监管人才，特别是要注意培养保险高端人才，努力建设一支德才兼备的高素质保险监管人才队伍。

保险科技的应用现状和未来展望

保险业主动拥抱保险科技取得阶段性成果，保险科技是保险业决胜未来的不二法宝。

党的十九大报告指出，创新是引领发展的第一动力。2016 年，全国科技进步贡献率已经达到 56.2%。保险业推进供给侧结构性改革，科技创新和应用将发挥越来越重要的作用。近年来，随着大数据、云计算、物联网、人工智能、区块链等科技迅猛发展，保险业主动拥抱保险科技，加快保险科技应用，在各领域取得了阶段性成果。虽然这些应用总体上还处于起步阶段，但从发展趋势看，保险科技拥有广阔的应用前景，终将成为保险业决胜未来的不二法宝。

一、保险科技在保险业的应用取得阶段性成果

保险科技得到保险市场各方主体的积极拥抱。一是传统险企积极谋求升级转型。人保、国寿、平安、泰康等大型保险公司纷纷整合原有的信息技术

---

① 本文发表于《清华金融评论》2017 年第 12 期

部门，组建数据中心或科技平台，其功能由后台技术支撑更多向核心业务流程驱动转变。中小保险公司结合自身实际，细分领域开展数字化运营。二是专业互联网险企开始出现。众安在线等互联网保险公司采用扁平化的组织结构，依托大数据和云计算建立具备数据挖掘、处理、存储的核心系统，提高运营效率和服务针对性。三是互联网巨头推动保险布局。阿里巴巴、百度、腾讯、京东等互联网巨头结合自身的用户流量数据优势，通过与保险公司合作、设立保险公司等方式布局保险业。四是第三方平台积极参与。许多科技公司依靠保险科技优势，通过关注长尾需求开发保险产品、根据渠道特点设计定制化产品、提供保险服务保障等方式，共同打造保险生态圈的多元环境。

保险科技实现了对业务流程的全面渗透。一是在销售领域开辟新渠道。保险科技进入保险业，首先是从销售领域开始的，这也是当前保险科技渗透率最高的领域。截至 2016 年底，76% 的保险公司通过自建官网、移动 APP、与第三方平台合作等方式，开展产品展示、比价销售、精准营销、O2O（线上线下结合）模式等。2012—2016 年，互联网保险保费收入从 106 亿元增长到 2299 亿元，增长 20.7 倍，占总保费比重增长到 7.43%。

二是在产品领域打开新局面。一方面深耕传统保险市场，创新更加符合人民需要、物美价廉的保险产品。如依托大数据、云计算等科技，推出一批保费低、保障高的重疾险、防癌险等个性化险种，深受市场欢迎。2016 年，全国健康险保费收入 4042.5 亿元，是 2012 年的 4.7 倍。另一方面适应网络经济对风险保障的新需求，开发出一批场景化、碎片化的互联网保险产品。2016 年，全国退货运费险、账户安全险、航意险的保单分别达到 52.31 亿元、1.01 亿元、0.73 亿元，服务了网络经济的发展。

三是在服务领域提供新体验。保险业是金融服务业，服务是行业核心价值。近年来保险科技的大量应用，对行业提升服务水平和质量发挥了重要作用。自助投保、手机投保、一键式投保等已经相当普遍。即使在人身险等比较复杂的领域，营销人员也通过手机 APP 或专用电子设备，实现快捷投保。针对理赔难这个行业痛点，加强保险科技应用，自助理赔、快赔、闪赔等服务基本普及。互联网销售的意外险和小额财产险，基本上都能够实现一站式自助理赔，90% 以上的车险公司提供了线上理赔服务，全国业务量排前五位的人身险公司自助式理赔业务量占比达到 80%。

保险科技催生了保险生态新模式。保险科技在保险业的进一步应用和发展，为保险业建立产业生态链奠定了基石。当前已经探索出两种模式：一种是以某一种保险服务为纽带，延伸到为客户提供衣食住行玩的大部分基础服务。比如在车险领域，为车主提供投保通道、理赔进度、违章查询、交通状况、汽车维修以及餐饮、住宿、购物、娱乐等信息，涵盖了车主的车保险、车服务、车生活。另一种是对保险上下游的产业链进行整合和延伸。比如，随着互联网的不断渗透，寿险业通过集中医、药品、健康、养老、投资等在内的关联产业和客户，整合衍生产品和相关增值服务，最终形成保险产业生态圈。前一种模式的代表是平安车险生态圈，后一种模式的代表是泰康医疗健康生态圈。

保险科技为监管科技的发展提供了支撑。在保险科技快速发展和广泛应用的形势下，监管部门积极探索监管科技的发展和应用。一是加强数据建设。推进现有监管信息系统的整合与数据互联互通，打造保险监管大数据平台。同时积极推进跨行业金融监管平台技术，积极应用新技术提升监管效能。二是改进监管方式。充分借鉴金融科技的发展成果，加强对互联网保险业务的实时流程监管，构建现代化的风险监测预警体系。同时主动采集、实时抓取相关风险，加强行业风险监测的时效性，逐步实施动态监管。

保险科技应用取得阶段性成果，总体来看仍处于起步阶段，大多数应用仍是不平衡、不充分、浅层次和碎片化的。如，销售领域主要应用于简单、标准、低价的产品，产品创新领域主要集中在场景类、碎片化产品，精准营销、精准定价等应用还不多，服务领域应用的广度和深度差别很大。根据一项对保险公司调查，仅 12% 的受访企业将数字战略融入公司战略规划，超过 50% 的受访企业将自身定位为数字的追随者乃至滞后者；另一项调查显示，保险业已经建立专门的大数据研发团队的公司占比仅为20%，且三分之二的研发团队人数在10人以下。

二、保险科技是保险业决胜未来的不二法宝

保险科技的发展依旧高歌猛进。一是金融科技融资热情高涨。2016年，全球金融科技领域共吸引投资174亿美元，其中中国投资77亿美元，超过美国成为全球第一。保险领域的中国投资数量达到173项，平均年增长率高达44.3%。2017年9月底，美国创投机构发布的"全球独角兽公司榜单"显示，金融科技已经成为最热门创投领域之一。二是金融科技创新不断突破。以人工智能为例，自"阿尔法狗"（AlphaGo）2016年3月战胜李世石、2017年5月战胜柯洁后，2017年10月"阿尔法零"（AlphaGo Zero）完全不依赖于人类数据，自学三天围棋，以100比0的成绩战胜"阿尔法李世石"（AlphaGo Lee）。中国保险业的人工智能也发展很快，2017年9月，太保集团首款智能保险顾问"阿尔法保险"上线，用户访问量4天达到200万。

保险科技是拓展保障功能的根本驱动力。党的十九大报告指出，中国特色社会主义进入新时代，新时代的主要矛盾是人民对美好生活的需要与不平衡不充分的发展之间的矛盾。为发展党和人民需要的保险事业，保险业将紧紧围绕经济社会发展的重点领域和薄弱环节，以保险科技为根本驱动力，不断拓展保险保障职能。例如，通过大数据、云计算、物联网、人工智能、无人机等技术，可以加快推进农业保险、责任保险、健康养老保险、巨灾保险等产品创新、服务提升和成本管控，服务国家治理体系和治理能力现代化。通过保险科技，增强风险管理能力，助力保险走出去和服务"一带一路"建设。依托保险科技，可以加快开发小额、低价、简捷、个性化的保险产品和服务，发展普惠金融保险。

保险科技是保险业转型发展的核心竞争力。当前，经济发展进入新常态，保险业高投入、高成本、高速度的粗放式增长已经难以为继，保险科技将成为今后保险业转型发展的核心竞争力。一些保险公司在转型中更加强调自己的科技实力和科技属性。2017 年 9 月众安在线在香港上市，首日总市值突破千亿港元，也在一定程度反映了人们对保险科技的追捧。

从保险科技对保险业的影响看，大数据是核心资源，掌握大数据就掌握了客户，掌握了产品开发，就可以赢得市场。车联网能够更精准地进行保险定价和风险管控。可穿戴设备可以对被保险人进行健康管理，降低发病率和死亡率。区块链技术可以有效提高管理效率和应用效率。人工智能可以提供优质、即时、低成本的标准服务，提高客户的获得感。从发展趋势看，保险科技将重塑保险新生态，甚至对传统保险业产生颠覆性影响。但是考虑到传统保险的优势、消费者的习惯、行业的监管等因素，再加上保险科技自身也还处在探索阶段，预计保险科技的应用将是一个渐进式的过程。

金融科技对保险的影响及对策

金融科技的应用与发展，对于我国保险服务效率提高，重塑保险行业的形象，促进保险业健康、可持续发展具有十分重要意义。

——周延礼

近年来，保险科技的概念成为行业内外高度关注的一个话题。根据金融稳定理事会（Financial Stability Board, FSF）的定义，金融科技是指科技带来的金融创新，进而带来新的业务模式、应用程序、流程再造或产品创新，结果会对金融市场、金融机构和金融服务方式产生重大影响。当金融科技在保险领域被广泛应用时，金融科技赋能于保险即为保险科技。

根据以上定义，保险科技既包括大数据、云计算、物联网、人工智能、区块链等普遍适用于金融服务诸多领域的基础技术，也包括和保险行业应用场景结合相对更加紧密的车联网、无人驾驶、基因诊疗、可穿戴设备等应用技术。由此可见，金融科技赋能在保险应用是非常大的，预示着保险科技将会推动保险业不断发展。

① 本文发表于2018年2月14日的经济参考报

一、信息技术赋能于保险行业

保险是金融行业的重要组成部分，在探究金融科技对保险业的影响时，不妨以信息技术对保险业的主要驱动形式为坐标，将信息技术在我国保险业应用分为如下三个阶段：第一阶段是保险的电子化与信息化时期。这个时期是保险行业和信息技术初步结合的探索期。在此期间会计账务实现了电子化，OA 和 ERP 等成为保险公司的重要管理工具。第二阶段是互联网保险时期。在这期间保险公司基于互联网开展渠道创新、产品创新和服务创新。互联网、移动互联网普及率的逐步提升，以及大数据、云计算技术在金融领域的广泛应用，推动了互联网金融的快速发展的局面，同时带动了互联网作为保险服务渠道创新和发展，年轻保险消费者、喜好移动终端用户开始接受互联网作为保险产品新的购买渠道，成为新一代保险消费的群体。随着客户画像等技术的应用，互联网提供了保险业在产品层面的展示平台，出现了场景保险等新产品，保险服务层面也出现了智能理赔、快捷理赔等新形式。第三阶段是保险科技追逐拥抱时期。这时期有以下几个特征：一是伴随着互联网保险的迅猛发展，数据是最有价值的资源，已作为生产要素在保险市场资源配置不可或缺，已形成共识，在产品研发中发挥越来越重要的作用，数字经济效益概念逐渐被保险行业所认识。二是以数据的获取和使用为核心，加快技术创新步伐，逐渐形成了可实际应用科技成果阶段。三是保险科技雏形的人工智能、物联网、区块链等技术应用，从不同维度提升了保险业运用数据技术的现实性，保险业的数字化转型成为这一时期保险业的主要努力方向。

科技的应用与发展，对于我国保险服务效率提高，重塑保险业的形象，促进保险业健康、可持续发展具有十分重要的意义。在 2017 年 7 月召开的全国金融工作会议上，习近平总书记从总揽全局的战略高度明确提出新形势下金融业服务实体经济、防控金融风险、深化金融改革三项任务。在我国数字经济强势崛起的背景下，数字化转型成为实体经济诸多领域产业升级、提升国际竞争力的重要途径。数字经济的背景下，消费者在分享互联网带来便利的同时正在持续面临着网络安全隐患。如何通过自身的数字化转型适应上述新的风险管理诉求成为我国保险行业"回归风险管理核心属性"，也是保险机构提供服务的重要命题。

二、保险科技的发展对保险行业产生重要影响

保险科技的加速发展为保险行业数字化转型提供了直接的驱动，"科技＋数据"有望重构保险生态。第一，保险行业参与主体更趋多元，行业规则将逐渐改写。从全球保险业发展态势来看，传统保险公司、大型互联网公司、保险科技创业企业以及监管机构共同参与，一个新的保险科技生态系统正在形成。科技领先的传统保险公司凭借积极主动的战略设定和持续投入，将有望获取明显的竞争优势；科技的兴起拓展了保险产品和服务的范围，也为一些互联网公司带来发展机遇，成为保险生态系统的新参与者，通过保险产业链的解构，保险机构有望在保险科技基础设施领域获得更多参与机会。科技公司可为保险机构提供技术支撑，寻求与保险机构开展全险种的技术合作。可以预计众多保险科技创业企业利用科技作为切入点，改变传统高成本、低效率的业务环节，构成保险科技生态的重要驱动力。保险科技的发展离不开监管机构的支持。政府监管部门可以通过搭建各类技术平台，促进金融行业集聚实现支持金融业务创新和维护金融稳定，形成防范风险的合力，其间要推进制度完善，为保险科技的发展提供良好环境尤为重要。

第二，支撑保险科技生态的核心动力来自大数据技术的快速发展。大数据技术是保险科技的核心要素，保险科技诸多技术分支都是围绕数据来源的拓展、数据存储、使用规则的创新以及数据分析方法的丰富展开的。

人工智能技术可以在数据的分析和使用领域发挥较大的作用。现阶段，语音处理、图像识别和智能机器人在与客户的智能交互、欺诈检测、索赔处理等环节已经开始应用，下一步在厘定保险费率、产品定价、个性化风险评估、产品开发精算和风险水平压力测试的契合度方面，保险科技还有更大的应用空间。

物联网是以互联网为基础通过传感设备搭建一个物品识别和管理的自动化系统，可以实现数据来源从人向物的延伸，在车险、财产险和健康险领域均有重要应用。

区块链技术的主要特点是通过改变数据的存储和使用方式提升数据的使用价值，通过和物联网、生物识别等技术的结合应用，区块链技术在确认风险事件发生的时间、空间以及保险标的的唯一性方面的探索已经开始。基于区块链建立的投保人可信信息系统将对保险行业风险定价发挥更为重要的作用。

基于基因诊疗技术，投保前通过对潜在客户基因检测结果的分析有助于辨别发病风险，进行精准定价，对于投保后的客户，保险公司能够通过检测对个人的健康状况和潜在发病诱因进行预判，推进疾病预防、疾病监测等健康管理措施，有效控制费用。

第三，保险科技正在全球范围内深刻改变行业格局。我国互联网保险的发展正在经历从表层渠道变革向中层模式优化阶段发展，网络比价平台、直销网站、APP、跨渠道动态营销等模式基本已经落地，而基于线上场景的扩展和新技术的应用提高保险业务的互联网化程度，包括从数据来源的扩展到业务流程数据的获取为风险定价、核保、理赔流程再造提供支持，成为现阶段互联网保险发展的重要内容。未来保险行业通过数字化转型，确立以客户需求为核心的经营战略，基于区块链、云计算等科技手段，通过建立用户账户体系，深入挖掘客户需求的数字化方法，并建立适应数字化运营需求的组织架构成为保险行业更为宏大的命题。

三、探索保险业数字化转型行动方案

保险科技将会对我国保险业产生深远影响，极大促进保险机构改革创新，新业态、新模式、新动能会应运而生。面对保险业正在经历的历史性发展机遇，应从行业监管和行业经营两个层面进行深入思考，并以此为路径探索形成我国保险业数字化转型行动方案。

首先，金融科技带来了金融服务范围和业务模式的变化，也带来了金融交易、组织架构、操作形态的多变。对于金融科技的监管也需要跳出围绕机构对象开展监管的传统思路，实现向功能监管和在线监管的转变。要特别强调采用技术手段履行监管功能，在监管活动中充分运用数据技术在线监管、对金融服务的交易过程、交易影响进行全流程控制的科技监管。相信监管科技应用必将成为我国金融监管科技生态中不可或缺的重要组成部分。

其次，保险科技应用将成为保险行业数字化转型升级的重要途径。战略规划、企业文化、资源匹配以及组织形式等四个方面是关键。一是战略规划方面。数据是数字经济的战略资源，也是生产要素。保险机构需从战略规划层面为数据来源的获得进行安排。大数据的有效使用并不以数据的绝对数量为必要条件，而对数据内容和业务流程的匹配程度要求苛刻。只有获得覆盖业务全流程的数据，才有可能对数据进行分析，采用相关数据改进管理提高经营效益。二是数字经济方面。以风险管理为核心功能的保险行业，需要掌握风险形成规律，获取发挥关键作用相关业务环节的基础数据，才可能为风险管理决策提供支撑。通过产业链的合作，才有可能获得数据来源的渠道。数字化经营模式建立前提是保险机构的战略定位需要明确，并体现在产业链合作的内容当中，封闭式的发展路径已不合时宜，要与数字化转型相适应。三是技术研发方面。保险机构的投入规模和投入方式的选择直接影响保险企业数字化优势的积累，因为任何创新实践都体现在投入成本和效果上，优势获益的比较分析也是以此为基础开展的。互联网保险的创新投入成本不仅会带来原有业务模式收入损失，而且会增加大量生产成本，对于数据资源获取、数据技术应用以及与之相适应的人员、组织架构的调整都会产生大量的费用。对于保险企业来说，实施创新的投入规模需要提前进行财务方面的规划，需要考虑总体投入和融资能力以及经营性现金流的匹配，仅仅通过跟随式的分步投入可能无法实现创新投入成本和效率优势获益之间的平衡。此外，由于数据处理技术并非保险企业的强项，这方面通过和互联网科技公司的联合不失为一种选择，但相应的业务主导权也会受到影响。四是组织建设方面。建立与数字化运营相适应的管理模式、组织架构与人才队伍至关重要，多数企业习惯的高度集权式管理无法使企业面对变化的需求敏捷反应，难以及时应对新市场趋势。保险机构需在财权和人权的分配体系上作出安排，并通过循序渐进的方式及时反馈结果，利用“模块化”打通横向部门，实现以客户为中心的组织转型，通过“引流—赋能—传承”，建设人才的战略性转型能力，确保组织永续健康发展。

总之，尽管金融科技赋能保险对于保险业的未来发展意义重大，但由于保险科技的发展仍处于起步阶段，仍然不能完全满足保险业发展的需要，保险机构运用保险科技还将伴随着各种风险和不确定性因素。保险业要立足长远发展，加大科技研发的力度，借助金融科技优势实现转型升级，期望金融科技赋能保险重塑形象。

保险业系统重要性机构

2008 年金融危机中，雷曼兄弟和美国国际保险集团等大型综合金融机构的倒闭或经营困境而产生的风险不断蔓延，对全球经济与金融系统造成严重冲击和破坏。全球金融危机引发了国际社会对金融体系运行各个环节的反思，冲击了金融监管的传统理念和方法，金融风险可能在金融企业间迅速传染。政府部门付出大量成本进行干预但结果可能并不理想，政府救助还会带来企业依赖救助的道德风险，这一系列问题催生了国际金融监管改革的浪潮。如何解决这些“巨无霸”级别的金融机构“大而不倒”的问题，降低其系统性风险成为国际金融监管改革的重点内容。

一、确定系统重要性保险业机构的意义

2009 年全球金融稳定委员会（FSB）成立，致力于对具有系统重要性的金融机构、金融工具和金融市场强化监管。2011 年 11 月，20 国集团首脑峰会正式提出全球系统重要性金融机构（G-SIFI）概念，FSB 随后开始牵头各行业相关国际组织积极推进 G-SIFI 的评估和认定，并制定相关监管措施。

按照 20 国集团提出的总体规划以及 FSB 制定的改革进程，国际保险监督

① 本文完成 2018 年 12 月

官协会（IAIS）启动战略调整，全面推进保险监管改革，系统重要性保险机构（G-SII）认定与监管是 IAIS 维护金融稳定、加强监管的重要措施。

2012 年起至今，IAIS 投入极大资源，制定了全球系统重要性保险机构认定办法、全球系统重要性保险机构政策措施、全球统一保险资本标准、额外损失吸收能力等多项国际监管规则，并连续六年认定并公布全球系统重要性保险机构名单，对其实施更加严格的监管措施。

二、确定系统重要性保险业机构的过程

根据 IAIS 相关标准，G-SII 是指在金融市场和保险市场中承担了关键功能、具有全球性特征的保险机构。这些机构一旦发生重大风险事件或经营失败，会对全球经济和金融体系造成系统性风险。

目前，IAIS 每年对全球约 50 家大型跨国保险集团收集系统性风险相关数据，按规模、国际活跃性、市场关联性、资产可清算性和可替代性五个方面共十七个指标对保险机构进行量化评估和排名，并结合其他定性分析和判断，向 FSB 建议 G-SII 名单。为降低 G-SII 出现危机或破产的可能性、减少其对金融系统的影响，IAIS 对 G-SII 采取多项政策措施，包括要求 G-SII 制订系统性风险管理计划、制订流动性风险管理计划、加强对非传统保险和非保险业务管理、设立有效的风险处置方案。IAIS 同时建议对 G-SII 计提附加资本以提高损失吸收能力，但目前尚未正式实施。

三、确定系统重要性保险业机构的国际和国内影响

目前，IAIS 认定包括美国、英国、德国、荷兰、法国及中国在内的共 9 家保险机构为 G-SIIs。我国平安保险集团入选其中，是发展中国家及新兴保险市场唯一入选的保险机构。

从国际层面来看，几年来，认定系统重要性机构并实施特定监管措施，普遍提高了监管机构对系统性风险监管的重视程度，美国、欧盟、英国等主要经济体也专门针对系统重要性金融机构监管建立了相应制度安排。对于保险业而言，2018 年 11 月 27 日，人民银行、银保监会和证监会联合发布了《关于完善系统重要性金融机构监管的指导意见》（以下简称《指导意见》），这也是我国系统性风险机构监管迈出的重大一步。

就国内来看，G–SII 的认定及其相应监管制度的实施主要有以下几方面积极意义：一是有利于促进我国积极参与国际标准的制定。从监管机构角度，银保监会作为 IAIS 执委会、核心委员会主要成员及 G–SII 监管机构，抓住国际规则制定的黄金时期，全程参与了各项 G–SII 相关规则的制定工作，对规则中重大方向性问题提出我方主张，特别是就全球统一保险资本标准、保险集团非保险业务评估方法、G–SII 方法的跨行业一致性等问题，充分反映中国诉求，提出中国建议，相关建议得到 IAIS 积极响应与采纳，有力地维护了我国保险业的实际利益。二是有助于我国合理借鉴国际标准，因地制宜制定国内标准。深度参与的国际标准的制定参与也对与制定国内系统重要性保险机构相关规则提供了丰富的国际经验。未来银保监会将继续全面、主动、深度地参与国际保险业系统性风险规则制定，逐渐由国际监管规则的“支持者”转向“引领者”，实现由保险大国向保险强国的转变。三是促进我国保险机构不断提升风险管理水平。从保险机构角度，几年来我国平安集团、国寿和太平保险集团均参加了 G–SII 评估的数据收集工作，且平安集团成为新兴市场唯一入选的 G–SII。在此过程中，我国保险机构作为 G–SII，全面参与相关评估，执行各项监管措施，我们看到其风险管理体系在不断日臻完善，风险管理水平能力显著提升。同时各国 G–SII 之间频繁交流，共享发展经验，也有力地推动了我保险机构逐步走向国际前沿，专业技术能力和国际化水平也大大提升。

四、如何完善对系统重要性保险业机构的监管

未来如何继续完善我国保险业系统重要性监管，有以下两个方向值得思考。

一是基于业务的评估方法。2017 年初，IAIS 宣布了新一轮 G-SII 评估方法修订计划，希望建设更加全面的保险业系统性风险评估评法方法及缓释措施，决定研发基于业务的评估方法。基于业务和基于机构的评估，是目前全球金融行业系统性风险评估采用的两种模式。基于机构的评估方法关注单个机构出现危机或倒闭对整体金融市场或实体经济的影响，称为“多米诺”效应。基于业务的评估方法横向跨公司、跨行业评估某一业务或活动因共同的风险暴露，聚合起来是否对整体金融市场和实体经济产生破坏性影响，称为“海啸”效应。目前，银行业和保险业采用基于机构的评估方法，FSB 对资产管理公司则采用基于业务的方法。2018 年 11 月，IAIS 发布《全球保险业系统性风险整体框架》征求意见稿，其中基于业务评估的元素大大增加，IAIS 计划从仅对 G-SII 使用特定政策措施、对其他机构不做监管的二分法，改为基于比例原则对行业广泛使用系统性风险监管措施，特别是对行业整体的流动性风险管理与披露、危机管理、恢复处置措施大大加强。

二是综合金融集团的评估问题。目前，国际上对于保险集团的银行业务，和银行集团的保险业务，都由集团所在行业的国际监管机构进行评估和监管。同一业务，隶属于不同性质的金融集团，得到的评估结果和监管措施可能完全不同，存在跨行业监管不一致问题，造成监管套利空间。IAIS 一直致力于推动解决跨行业不一致问题，但尚无理想的解决方案。我国保险企业近年来综合金融的趋势较为明显，如何处理金融集团下属业务的跨行业评估问题，也将是我国系统重要性金融机构监管需要考虑的问题。

国内，在金融委统一安排下，银保监会积极配合人民银行做好系统重要性金融机构监管指导意见制定工作。《关于完善系统重要性金融机构监管的

指导意见》明确了系统重要性金融机构的定义和范围，规定系统重要性金融机构的评估流程和总体方法，合理认定对金融体系具有系统性影响的金融机构以及监管职责等。下一步，银保监会将按照职责分工，积极研究建立国内系统重要性保险机构识别标准推动监管制度实施细则的出台。截至目前，尚无一家保险机构被认定为国内系统重要性保险机构。

加强监管　筑牢系统性金融风险防线

“健全金融监管体系，守住不发生系统性金融风险的底线”，是习近平新时代中国特色社会主义思想在金融领域的本质要求，是指导金融改革发展稳定的根本遵循，也是做好新时代金融工作的行动指南。保险业作为金融体系的重要组成部分，金融监管部门必须着眼国家安全大局和经济社会发展全局，把主动防范化解金融风险放在更重要的位置，准确研判经济和金融形势，参照国际通行的宏观审慎原则，全面综合施策实施保险监管。

一、加强金融监管是防范系统性金融风险防的现实选择

防范金融风险，维护金融安全，是当前我国金融业和金融监管头等大事。2017 年底，中央经济工作会议提出，要“打好防范化解重大风险攻坚战，重点是防控金融风险”。可见防范化解系统性金融风险是金融监管的重中之重。保险业要统一思想、提高认识、高度重视，把思想和行动统一到中央的要求和决策上来，要出色地完成好当前各项工作任务。同时，全行业要立足当前、着眼长远，统筹协调金融监管，阻力金融业系统性金融风险防范工作。

加强金融监管是维护金融稳定的必然要求。金融业的重要职责是风险管

① 本文发表于《清华金融评论》2019 年第 1 期

理。金融机构因经营不善而出现偿付能力不足，资本充足率不达标，不但对金融机构生存构成威胁，而且影响整个金融体系的稳健运行。一旦发生系统性金融风险，金融体系运转将失灵，其结果是危及社会稳定和经济运行，引发严重后果不可设想。保险本质上是一种风险管理工具。风险管理功能是保险首要的、不可忽视的。保险的风险保障功能体现在除自担风险外，还可以通过再保险机制分散和转移风险，形成“人人为我，我为人人”风险共担的机制。而现代保险业的发展不同程度地改变了保险的内涵与外延，有些都脱离了金融“基本面”，“以小博大”，不按照“有多大资本，做多大生意”的常理来经营，而形成了越来越多“大而不能倒”的金融控股集团，成为金融风险集中的载体—系统性重要保险机构。这样的金融机构一旦风险管理不善，杠杆率过高，已有市场波动，抵御风险弱，风险传递迅速，必定会给金融体系造成致命打击。

加强公司治理是实现保险业稳健经营的迫切需要。现代企业制度是商业保险公司持续健康发展的基础条件，保险监管是维护保险市场可持续发展保障屏障。从目前来看，我国保险业总体运行稳定，未出现重大风险事件，但也存在公司治理结构不完善、内控制度不健全，“一股独大”、“内部人”控制等问题，保险机构管理层屡受处罚可见一斑。同时，近两年偿付能力下降的保险公司数量增加。随着监管部门的资本约束、纪律要求趋严，一些保险公司偿付能力评价部分指标结构性下行较快，面临一定现金流压力，也使得行业流动性风险隐患有所加大。

加强保障功能是保险业服务实体经济的基本前提。习近平总书记指出，实体经济是金融的根基，金融是实体经济的血脉，为实体经济服务是金融的天职和宗旨，也是金融机构自身防风险的本质所在。保险公司在产品开发时要把保障功能放在核心位置，这是防风险的需要，也是服务实体经济的功能体现。只有为实体经济提供更加优质、高效、精准的保险保障，才能促进实体经济持续健康发展，才可能从根本上防范和化解各类风险。因此，保险业要把防范化解金融风险和服务实体经济更好结合起来，以服务全面深化供给侧结构性改革为主线，坚持保险保障为己任，充分发挥保险的风险管理及保障功能，才能真正成为实体经济发展的“助推器”和社会稳定的“减震器”。

二、筑牢系统性金融风险的防线是维护金融安全迫切需要

“天有不测风云、人有旦夕祸福”。在人类历史长河中，时时刻刻都在与各类风险搏斗，自然灾害和人为事故困扰着人们的正常生产和生活，政治风险和社会风险挑战着政府的治理能力和管理水平。人类的发展史，就是与各类风险的搏斗史，“生于忧患、死于安乐”可为人类的无奈的选择。风险无处不在、无时不有，人们从事生产和生活中面临各种“不确定性”，从而使人类设计了保险机制，将不确定生产情况可预期、不确定生活状态可安稳。目前，保险业风险来自何处，有的来自保险机构自身的，如公司治理结构缺陷的风险、经营粗放带来的风险、资本约束不到位带来的流动性风险、销售误导带来的声誉风险以及偏离主业带来的次生风险等；也有的来自于外部的，如国际政治形势、中美贸易摩擦、宏观经济环境变化、金融市场要素供求关系矛盾等方面导致的风险。从金融行业来看，忽略了服务实体经济是最大的风险，因此，“回归本源”是金融业当前最迫切的任务。上述情况对保险业务都会有直接的影响，不同风险来源各有不同，影响的结果也会差别很大，因此，金融监管也要审时度势，宽严相济、包容兼蓄、妥善处理，监管政策引导金融机构沿着正确的方向运行，从而提高防范系统性金融风险的监管效能，储备更精准的金融监管对策工具。为此，本文中选择了认为当前要急迫解决风险隐患，但有些风险也是长期存在的，感觉是积重难返的类如以下几种：

公司治理结构不到位的风险。就保险业来说，保险监管部门做了大量工作，指导保险机构改制上市、建立了现代企业制度，在公司治理结构完善了很多，

“形”式方面取得初步成效，但“神”似方面还差距不小。现在，保险公司产权结构已基本实现多元化，“三会一层”也各司其职、协调运行的公司治理结构模式初步形成，但有效制约不到位情况突出。董事会地位和职能虽然逐步强化，但是内部审计的独立性和有效性提升缓慢，公司治理运作机制趋向规范还有待时日等等。但毋庸置疑，这方面工作有进步，但是差距也不小，并蕴含一定风险。

一是一些机构的股权关系不透明不规范，股权关系过于复杂，股权代持、隐形股东问题严重。二是股东行为不合规不审慎，一方面部分股东不顾行业发展规律，片面追求短期利益、高收益率，干预公司经营决策，产生较大资产负债不匹配、“长短资金运用不协调”等经营风险。另一方面，有的股东大会不规范，有的股东履行职责和承诺意愿不强，形成股权虚化。三是董事会履职有效性不足，有的机构董事会缺乏管控力，董事履职主动性不够，董事长一言堂，或少数人说了算。四是高管层职责定位存在偏差、监事会监督不到位，存在不敢监督、难监督的现象。有的高管层缺乏应有的经营管理自主权，有的则是股东大会对公司治理作用非常微弱，不足以约束经营高管层的道德风险，监事会未能有效发挥作用，从而出现经营高管层内部人控制现象。

产品销售合规性风险。产品是保险公司销售经营的载体，承保、理赔、资金运用等风控环节都在此基础上延续。风险主要体现在产品的创新、定价和结构等三个方面。一是保险创新未坚持审慎原则，守住风险底线。主要表现：有些保险产品偏离保险本质，盲目追求短期、高收益和投资到同业理财，背离了保险保障和稳健经营的“初心”。二是产品定价风险精算审查缺审慎、数据采集不完整。这类风险与经营策略、医疗卫生条件、人的预期寿命和健康、未来经济形势研判和风控水平相关。如，受宏观经济影响，20 世纪 90 年代我国寿险业出现利差损问题，导致寿险行业的经济损失，行业出现经营风险，教训十分深刻。三是产品结构的风险，有的保险公司经营策略过于激进，中短存续期产品占比过高，遭受满期给付与退保带来的流动性冲击，一定要引起高度重视。在经济周期发生变化时，特别是经济下行压力加大，“水落石出”会容易引发群体性退保事件。

资金负债错配风险。主要体现在市场投资风险、资产负债错配风险、境外投资风险。一是资本市场剧烈波动导致投资收益下降，由于在销售过程中还存在销售误导问题，2011 年 –2014 年，我国曾因投连险问题出现两次大规模退保风波。2015 年 –2016 年，由于万能险保费规模快速增长，其保证利率较高，引起利差损风险。2015 年下半年，“险资举牌”事件影响了有关企业的正常经营管理，也给保险行业的行业声誉带来负面影响。二是资产负债错配问题，主要是期限错配和收益错配两个方面，部分保险公司集中发展中短存续期产品，并将其主要投向收益率高、流动性低、期限较长的不动产、基础设施、信托等另类资产，导致“短钱长投”。同时，在投资端收益持续下滑的情况下，依然在负债端保持高结算利率，资产负债匹配难度持续加大。三是保险资金境外投资风险增大，当前国际政治、经济、金融局势复杂多变，中美贸易摩擦，保护主义抬头，未来全球经济增长面临不确定性增加，保险资金走出去战略面临当地监管规则、法律环境、管理体制以及汇率变动等多种因素影响，境外投资经验和人才的缺乏也使得风险管控难度加大。虽然保险资金境外投资总体规模较小，占比不高，但投资失败的案例也时有发生，一定要引起重视。

跨市场、跨区域、跨行业传递风险。金融业与其他产业的融合发展，特别是金融科技广泛运用带来的挑战前所未有，导致金融风险的交叉传递出现可能大幅增加。一是综合经营风险。目前，国内已有多家保险公司参股或者控股银行、证券、基金等非保险金融机构，保险业综合经营的范围不断扩展，业务和风险结构趋于复杂，风险交叉传递的可能性加大，重点是投资房地产、地方政府债务、股票领域的资金。二是互联网金融带来的风险。一些互联网理财和个体网络借贷平台（P2P）利用保险为其增信，保险公司提供了履约险保障的业务，要及早发现审视风险状况。风险隐患是部分保险机构没有有效的风险审核体系和人才储备，缺乏对P2P等信用风险识别能力，一旦违约，面临巨额赔付，危机公司偿付能力水平。三是企业债券违约殃及保险投资。我国大部分财险公司均开展了信用保证保险业务，虽然保费规模并不大，但由于其承保标的为信用风险，风险难以被有效评估和控制，信用保证保险面临很大的违约风险。如，2016年浙商财险的“侨兴债”事件，涉及违约金额高达十几亿元，给保险公司造成了严重损失。

偿付能力监测滞后风险。保险业整体偿付能力充足，保持安全稳健运行，但是偿付能力不足风险防控工作仍然严峻复杂，要打好“提前量”。一是资本约束和偿付能力监测滞后。有的公司经营理念粗放，不重经营利润和发展质量，盲目上规模、追数量，采取“业务快速增长–增资–业务再快速增长–再增资”的激进发展模式，资本金消耗过快，可持续发展能力不强。二是投资模式激进，个别公司权益投资比例过高，资本市场大幅震荡的情况下出现严重亏损，侵蚀公司偿付能力，出现较大资本缺口。三是存在股权纠纷，个别公司因股东分歧，未达成股权变更的一致意见或未能迅速办理股权交割手续，资本无约束、资本金无法及时到位，导致偿付能力不足。

三、全面深化保险改革是确保金融稳定的重要任务

“大厦之成，非一木之材也；大海之阔，非一流之归也”。经过30多年的改革发展，我国保险业积极探索，成功构筑系统性风险的5道防线，形成了一套较为科学的防范化解风险工作机制和管理模式。保险监管部门通过搭建偿付能力监管制度体系，完善风险处置机制，初步建立了现代化、专业化、规范化的科学监管体系，严守风险底线，保证了保险业的平稳发展。

全面深化改革永远在路上。我国保险监管部门经历了多次改革，保险监管制度随着保险市场的发展也在逐步的完善。1979年，保险业由人民银行领

导和监督管理，1983 年国务院于颁布《财产保险合同条例》，1985 年颁布《保险企业管理暂行条例》。1995 年，《保险法》颁布实施，我国保险业进入依法监管阶段。1998 年，国务院批准设立中国保险监督管理委员会，专司保险监管职能。保监会成立后，探索出台了一系列规章和规范性文件，初步建立了中国特色的现代保险监管体系。2018 年 3 月，中央发布《深化党和国家机构改革方案》，决定将银监会和保监会的职责整合，组建中国银行保险监督管理委员会，保险监管开始踏上新时代的新征程。

微观审慎监管改革进行时。保险监管部门充分协调推进依法治国，健全金融法治，以加强金融消费者保护体系、金融监管法律体系、金融风险管控体系和金融机构合规体系为主要着力点，防范金融风险，保障经济与金融良性循环。原保监会成立后，探索出台一系列规章和规范性文件，建立风险防范的体制机制，构建了风险防范的五道防线，即“以公司内控为基础、以偿付能力为核心、以资金运用监管为关键环节、以现场检查为重要手段、以保险保障基金为屏障”。2017 年 5 月，保监会发布的《关于弥补监管短板构建严密有效保险监管体系的通知》，对当前弥补监管短板构建严密有效保险监管体系提出了新要求，明确提出，研究出台系统重要性保险机构监管制度，评估确定首批国内系统重要性保险机构名单。2017 年 7 月，保监会发布《关于征求对保险资产负债管理监管规则的意见及开展行业测试的通知》，将资产负债管理转为“硬约束”，扭转资产负债错配风险。2018 年 3 月，保监会印发《保险资产负债管理监管规则（1 — 5 号）》及开展试运行有关事项的通知，将主干技术标准共五项监管规则予以印发。

现代保险监管框架构建推进中。偿付能力、公司治理、市场行为监管是现代保险监管框架的三个支柱，其中偿付能力监管是核心，也是保险业风险防范的核心。我国偿付能力监管体系建立之初，主要借鉴美国防风险资本和欧盟偿付能力监管 I 的思路和内容，对保险公司的资本要求主要以业务规模为基础。2012 年以来，我国开始建立基于风险的第二代偿付能力监管制度（简称“偿二代”），并于2016年开始正式实施。“偿二代”是中国保险监管制度历史上的一次重要创新，在第一支柱定量监管的基础上，增加了第二支柱定性监管和第三支柱市场监督。以风险为导向，建立了中国保险业的风险分层模型。在保险业微观审慎监管基础上，引入宏观审慎监管工具，加强对系统性风险的监管。与偿一代相比，偿二代的显著特点是以风险为基础，包括可量化的风险和难以量化的风险以及控制风险。对于可量化的风险，基于我国的数据计算风险因子，对于难以量化的风险则采用风险综合评级等方法进行评估，而不论是可量化还是难以量化的风险，都将会对偿付能力充足率产生影响。偿二代还将系统性风险纳入监管框架，持续性推进，不断完善加强对系统性风险的监管目标。

宏观审慎监管框架引进建设中。2008年以来，国际保险监督管协会（IAIS）加强了保险业系统性风险的监管制度建设。一是评选全球系统重要性保险机构（G–SII），建立针对G–SII的监管规则，二是建设针对国际活跃保险集团（IAIG）的监管规则——《以风险为基础的全球保险资本标准（ICS）》（ICS征求意见稿已在全球广泛征集意见，计划于2019年正式出台）。随着国际保险业系统性风险监管制度建设的发展，2016年3月，保监会发布《国内系统重要性保险机构监管暂行办法（征求意见稿）》，同年8月，对首轮征求意见稿进行修订后，再次发布第二轮征求意见稿，适合中国保险市场发展特点的ICS监管制度也在筹备之中。

四、统筹协调金融监管是金融业高质量发展必由之路

“为国不可以生事，亦不可以畏事”，防范系统性金融风险是金融监管部门的首要工作任务，也是法定的工作职责，金融监管部门一定要根据风险产生的规律，适应宏观经济发展和金融市场的变化，探索制定防范和化解风险的制度标准，从根本上解决防范和化解风险的效率和水平问题。

随着经济和社会环境不断发展变化，保险业面临的风险更趋复杂，给保险业和监管部门带来更大挑战。2018 年，金融监管由“一行三会”转变为“一行两会”的新架构，有利于当前金融市场环境，有利于协同监管。在此背景下要进一步明确监管目标，整合监管资源，期待人民银行制定金融监管标准的出台，增强各部门间监管协作，完善保险业系统性风险监管制度建设，建立健全保险业宏观审慎监管系统性风险评估框架，完善资产负债管理监管体系，对存在问题开准药方，及时解决。

坚持宏观审慎监管理念。设立国务院金融稳定发展委员会，是为强化宏观审慎管理和系统性风险防范，强化金融监管部门的监管职责，确保金融安全与稳定发展。相信金融监管部门在国务院金融稳定和发展委员会的领导下，加强与其他组成部门的协调合作，坚持宏观审慎监管和功能监管相结合，及时有效地参与识别、监测和解决大型复杂金融机构、产品和服务带来的系统性风险，对可能威胁金融稳定的大型复杂系统性金融（保险）机构，从资本、流动性、杠杆率、业务结构、业务规模和风险管理等方面全面监管。

坚持完善保险业风险防范处置体系。做好风险防范的顶层设计，加快健全系统性风险监测评估防范体系，构建以宏观经济、保险机构、金融市场、跨境资本流动、保险市场基础设施等为主要对象的预警监测机制，完善全面有效和动态调整的指标体系、预警标准和压力测试体系。建立健全危机管理机制，完善保险机构市场化退出机制。整顿规范保险市场秩序，有力有序化解重点领域风险隐患，维护国家经济金融安全和稳定。

坚持引导保险公司加强自身风险管理。我国部分保险公司在过去多年的经营中尚未形成系统的企业风险管理体系，部分风险管理制度和要求仍然只流于形式，要在完善公司治理机制，优化企业管理制度，综合平衡资金成本等方面着力，建立健全公司风险管理体系。一是完善法人治理机制。优化机构股权结构，严格股东资质和准入管理，规范股东行为。明确新设机构资本金真实、自有和分散要求，依法依规处置股份代持，防范股东对机构不当干预。

规范股东大会、董事会、监事会与管理层关系，完善经营授权制度。加强董事会建设，严格董事选任标准、优化董事会结构、完善决策机制，加强董事会在重大决策、选人用人和激励机制等方面的重要职责。建立董事履职问责制度，严肃追究失职或不当履职董事责任。明确监事会监督职责，加强对企业财务及关高人员履职行为合法性监督。完善经营约束机制，优化管理层考评，规范高管人员行为，推动管理层履行好日常经营管理职责。建立董事会与管理层制衡机制，防止内部人控制。二是要综合平衡资金使用成本和效率，将资金使用效率作为过程管控的一项标准，细化产品、渠道等资金使用成本和效率，将节约或者增加的监管资本要求分摊到各产品和渠道等风险主要来源，明确奖罚标准，切实提高资金使用效率。

坚持加强金融市场重点领域制度建设。随着现代金融业的发展，保险跨边界业务逐渐增多，保险与银行、证券等其他众多行业的关联性加强，要全面系统的处置各类风险。一是近两年社会热点重大事件牵涉资本市场和实体经济等多类主体，单纯通过保险监管指标很难反映市场中隐藏的这些问题。因此，必须加强对社会热点重大事件的跟踪研究，加强风险排查，加强监管协调、补齐监管短板，既要防“黑天鹅”，更要防“灰犀牛”。二是应当加强对中短存续期产品监管制度建设，建立中短存续期产品总量控制监管指标评价，提高监管资本要求，研究制定对万能险、投连险等中短存续期产品经营门槛、业务资格、产品期限等最低监管标准等刚性约束。三是加强对保险公司的现场检查，建立定期检查或者抽查制度，明确现场检查的内容和方法，特别是应加强对利率敏感性保险业务、高现价中短存续期保险产品、创新性信用保证保险业务以及保险资金来源、用途和投资行为等的现场检查。

习近平总书记在全国金融工作会议上明确指出：“做好新形势下金融工作，要坚持党中央对金融工作集中统一领导，确保金融改革发展正确方向，确保国家金融安全”。“不谋全局者，不足谋一领域”，监管部门要按照党中央关于防范化解金融风险的总体部署，进一步增强“四个意识”，深化、细化银行业和保险业打好防范化解金融风险攻坚战三年行动方案的具体目标、时间表和路线图，要直面挑战，主动作为，形成全国一盘棋的防控格局，坚决守住不发生系统性金融风险的底线，让金融更好地为我国经济行稳致远保驾护航。

保险资金可助推资本市场健康发展

我国保险业恢复经营已经40年，依法参与资本市场投资也近20年。保险资金参与资本市场运行是金融发展需要，资金的参与可助推资本市场健康发展。未来保险资金的运用需要继续深化改革，用改革方式提升发展质量和效能。

一、保险资金参与资本市场运行是金融市场发展的需要

保险业自复业以来，特别是2003年以来，保险资金运行持续保持稳健发展态势。2012年保险资金运用市场化改革开启后，进一步拓宽了保险投资范围和领域。保险经营的负债属性，决定了保险公司在投资理念上更倾向长期投资、资产负债相匹配和价值投资，从而可以穿透经济周期、抵御通货膨胀，实现保险类的资产保值增值。

保险业视角。近年来保险公司坚持稳健审慎和安全性的投资理念，资产管理能力逐步提升，成为稳定我国经济社会发展不可缺少的重要金融板块。

一是保险业服务实体经济的现实要求。习近平总书记强调："金融是实

① 本文发表于《清华金融评论》2019年第2期

体经济的血脉，为实体经济服务是金融的天职，是金融的宗旨，也是防范金融风险的根本举措”。根据以往市场情况，保险资金历来是长期资本的重要提供方。保险资金由于其负债属性、期限较长，追求长期安全稳定特性，必将为实体企业提供更多长期资金，帮助更多有战略前景的优质企业持续发展，增强保险业对实体经济的支持作用；二是保险业高质量发展的必然要求。推动高质量发展，是以习近平同志为核心的党中央做出的重大战略决策。保险资金运用要服务于保险业向高质量发展阶段的转变，要推动保险业更好服从、服务于经济社会发展。通过保险资金与资本市场的不断融合和创新，建立与资本市场的良性互动，进一步提高资金运用效率和收益，为保险业在质量、效率和动力方面实现变革、实现高质量发展提供动力；三是保险业防范风险的客观要求。防控风险既是资本市场发展的红线，也是保险业发展的红线。保险资金参与资本市场建设，必须要把防控风险放在第一位，牢牢守住不发生系统性金融风险的底线，坚决防止跨市场、跨行业、跨区域风险的传递。保险公司资产负债和各类市场风险的有效管理也离不开资本市场的发展和完善。唯有统筹保险资金运用发展与防范风险的关系，在积极主动参与资本市场建设的同时，提高资金运用能力和风险管理能力，才能够实现长远双赢。

资本市场视角。保险资金参与资本市场是不断优化资本市场结构、实现资本市场长期健康稳定发展的重要因素。我国资本市场经过多年的发展，呈现出积极向上的景象，但投资品种单一，投资渠道狭小，且存在风险。与保险资金的融合深度的不断加大，有利于改善资本市场投资结构，拓展投资领域，提高投资收益，推广多样化投资理念，降低小范围的系统性风险，实现可持续发展。

一是金融改革和创新的需要。保险业为保证其结构性支付的需要，使它对资本市场中各种金融工具的风险分布以及回报分布产生重新规整的内在要求，从而推动金融创新，促使新的金融衍生工具产生，同时也刺激原有金融工具的发展；二是资本市场稳定健康运行的需要。保险业务的特性使保险公司拥有大量的长期稳定的投资基金，进入资本市场，既增加了资本市场资金的供给，又刺激了资本市场筹资主体的资金需求，从两方面促使资本市场规模扩大，有效地调节了市场规模和资金供给平衡。2017年末，保险资金累计通过基础设施债权投资计划和股权投资计划等产品投资国家重大项目建设和民生工程2.08万亿元。保险资金积极参与降杠杆和债转股、混合所有制改革初见成效；三是资本市场结构的完善和市场效率的需要。保险公司作为一级市场发行参与者和二级市场机构投资者，其资金具有长期性、稳定性等特征，该类资金可以削减投机者带来的市场大幅度波动风险，对规范资本市场的操作产生有力的制衡作用，是稳定市场的重要力量。

二、保险资金运用结构调整和优化是金融改革的选择

在金融市场中，保险资金是债券市场最主要的机构投资者之一，以长期配置为主；股票投资多以大盘蓝筹股为主，偏好长期投资、价值投资。截至2018年上半年，保险资产管理机构投资管理企业年金规模7305亿元，占企业年金实际运作总规模的55.07%，处于市场领先地位。同时，市场上企业年金投资管理规模最大的机构也为保险资管公司。总体而言，保险资金运用经受住了错综复杂的市场环境考验，收益水平良好（2015 ~ 2017年分别为7.56%、5.66%、5.77%）。

保险资产结构优化，风险总体可控。保险资金在资产质量上，一是近50%的保险资金投向银行存款和债券，其中债券投资中，国债和金融债占比57%，企业债中AAA级占比超八成。二是债权计划等另类投资风险较小，AAA级占比约九成，除免增信项目外，其余均有银行或大型企业担保。三是股票配置以大盘蓝筹股为主，沪深300股票占比约80%。四是流动性相对充足，高流动性资产占比约13%。五是境外投资规模较小，占比约3%。

投资收益长期稳定，保险业务持续增效。2004年至2017年，保险资金

运用年平均收益率为5.4%，没有出现大幅波动，累计实现投资收益超4.5万亿元。一是支持保险公司财务稳健。保险市场竞争日益加剧，费差、死差收窄，长期稳定的投资收益成为获取利差收益、保持保险行业持续经营和财务稳健的重要力量。二是改善偿付能力。长期稳定的投资收益壮大了保险业资本实力，缓解了行业流动性压力，对保险业有效化解风险、产品创新、调整转型起到重要支撑作用。三是提升保险产品竞争力。长期稳定的投资收益为保险产品在功能设计、精算定价、风险保障甚至销售竞争等方面提供基础性支持。

长期资金优势明显，实体经济获得感强。近年来，保险资金不断发挥优势，已经成为服务实体经济的重要力量。一是通过直接投资银行存款、股票、债券等传统方式服务实体经济，服务银行信贷和直接融资市场。二是创设基础设施投资计划等保险资管产品，直接高效对接重大建设项目和工程等。截至2018年11月末，累计发起设立各类债权、股权投资计划983项，合计备案（注册）规模2.35万亿元。三是成立中国保险投资基金，整合保险行业资源，服务国家战略。目前已经累计发行项目超过13个，投资规模超过千亿元。四是积极支持养老产业发展，养老产业投入大、期限长，与保险资金长期稳定的性质相匹配，同时也是保险行业健康险、养老险、年金保险等产业链的自然延伸。当前，共有8家保险机构投资30余个养老社区项目，占地面积超1170万平方米，计划投资总额超666亿元。五是形成一批有影响力的投资项目，如160亿元参与京沪高铁、550亿元参与南水北调、360亿元投资西气东输管道等，取得社会广泛认可和高度评价。

三、保险资金运用风险挑战不可忽视

资金风险不容乐观。一是我国保险资金收益率较低，安全性差。二是保险资金投资结构不合理。我国保险资金主要投资在基础的资本领域。投资结构过于单一化，保险资金使用率降低。三是保险投资短视行为严重。从目前情况看，中国的保险业经营仍显粗放，在保险资金运用方面，短期化趋势导致长期规划的缺乏。

公司治理结构不容小觑。对我国的很多保险公司而言，大多没有明确投资主体，没有明确投资主体的地位与权责，尚未形成完善的资金运用风险管理制度。与此同时，大部分保险公司的管理制度已经无法适应现代社会的发展需求，无法确保决策的正确性与科学性。理念上，价值投资、稳健投资、理性投资以及长期投资理念尚未牢固树立；技术上，还不能够熟练地应用资产的匹配管理、组合管理与战略管理；投资策略上，在判断市场形势、把握准确度与深度等方面仍有待改进；风险控制上，还没有相关的识别、预警以及计量等技术手段。

专业资管能力亟须提升。很长一段时间以来，我国的发展理念一直都比较重视保险而忽略投资，对投资专业队伍的发展不够重视，保险企业内部缺乏专业的投资管理人员。对大多数的保险公司而言，其投资业务很多都是由从事保险业务的人员来担任，致使许多投资决策者不了解投资风险，投资经营的稳定性不足。此外，保险公司在保险投资领域的研究还不够深入，容易出现当监管部门放宽对某项投资的限制时，保险公司也很难在短时间内占据前沿。

资管监管规则尚需完善。现阶段，我国保险资金运用监管难度比较大，具体表现为如下几个方面：资金运用监管内涵不完善；监管模式还不确定；缺乏健全的监管法律法规体系；会计制度等配套制度与监管要求不符；监管信息化程度不高，无法与动态监管的要求相适应。

四、保险资金运用未来的观察与思考

要始终坚持服务国家战略和实体经济发展。实体经济融资难、融资贵问题依然突出，突出表现在长期资金供给严重缺乏，资金进入实体经济渠道不畅，“顺周期”特征明显，上述问题正是保险资金可以发挥作用的领域。按照“精准滴灌”“疏堵结合”“先立后破”原则，找准政策方向和力度，加快推进保险资产管理产品“1+3”配套政策，修订完善股权投资、保险私募基金等监管政策，抓紧推进股权投资计划等产品注册制改革，发挥保险资金优势，为实体经济发展提供长期资本金。继续稳步拓宽保险资金运用范围，在风险可控的前提下加大服务中小民营企业融资需求力度，支持符合条件的保险机构新设专门实施机构以及通过设立私募股权投资基金形式开展市场化债转股。

要始终坚持积极服务保险业务发展需要。我国保险业仍处在黄金增长期，加快推进保险资金运用监管顶层设计，进一步明确保险资产管理公司定位和发展趋势，提升保险资金运用专业化、市场化水平。保险机构需要切实在投研能力和风控水平上加大投入，投资能力是关键，风控能力是生命线，特别是对新形势、新风险、新趋势要做到心中有数、应变有度、措施得力。

要始终坚持保险资金运用安全性需要。坚持“严字当头”从严打击保险资金运用领域的违法违规问题，坚决打击顶风违法行为。稳妥有序处置高风险公司，强化穿透监管，坚持穿透到基础、底层资产，防范监管套利。加大现场检查和惩处力度，扩大检查覆盖面，从严整治、从快处理、从重问责，坚持高管和机构双罚，提高依法监管的震慑力。

要始终坚持防范和化解系统性金融风险的需要。强化境外投资监管。强化对委托、受托和托管人监管，进一步规范相关办法。强化对金融产品投资的穿透监管，严控保险资金绕道信托等业外机构违规投向不动产领域。加强牌照管理，加强金融监管协调，防范风险跨行业传递，加强对重点风险领域和重点公司的风险预警，落实风险责任和责任追究机制。

要始终坚持强化保险资金运用监管基础设施建设的需要。健全制度建设，完善股权、信托、不动产、保险私募基金等制度政策，建立健全“1+N”保险资产管理产品政策框架。继续抓好保险资产登记交易平台建设，做好保险资管产品登记、发行、信息披露等工作。强化监管信息化建设，完善资产负债管理监管系统模块，加强数据库和风险预警系统建设，提升保险资金运用监管信息化水平。

发挥财税杠杆作用
撬动寿险业高质量发展

保险业是我国经济和社会发展的重要力量，对于促进改革、稳定社会、助推经济发展有着特殊功能和作用。在我国保险业发展“十三五”规划纲要中，国务院要求并提出：“保险业要主动适应经济发展新常态的形势和要求，以供给侧结构性改革为主线，扩大有效保险供给、满足社会日益增长的多元化保险服务需求为出发点，牢固树立和贯彻落实创新、协调、绿色、开放、共享的发展理念，提高发展质量和效益，建设有市场竞争力、富有创造力和充满活力的现代保险服务业。”在监管部门的领导下，我国寿险业始终坚持以人为本，坚持以保险消费者为中心，把服务人民群众生产生活、满足多样化风险保障需求作为保险发展的出发点和落脚点，积极回归保障，服务实体经济发展，不断调整结构，寻求动能转换，实现转型升级，利用金融科技，大力推动产品和服务创新，为客户提供了许多长期保障型产品，为国家的社会保障体系建设做出了不可磨灭的贡献。

然而，对长期保障型保险产品，保险公司鼓励营销人员专注销售，并做好售后服务，给予他们的首年实际佣金水平高达年保费的 100%，这也是全球寿险业同类产品销售的认可佣金水平和标准。但是，根据现行的税收法规，

---

① 本文完成于 2019 年 2 月

寿险企业手续费及佣金当年税前可扣除金额，以当年全部保费收入扣除退保金后余额的10%为限，剩余的部分不能结转到下一个税收年度进行抵扣，导致寿险行业不可抵扣佣金占比越来越高。高佣金导致的实际当期税率高企的问题，是影响和制约寿险企业长期可持续发展的一大瓶颈，为此，希望财税部门认真研究，出台具体办法。

一是研究支持寿险企业发展的政策措施。近年来，国家支持寿险企业发展的政策和法律体系逐步健全，但现在仍存在一些不完善的地方，如2009年颁布的《关于企业手续费和佣金支出税前扣除政策的通知》（财税[2009]29号文），文中规定人身保险企业手续费及佣金可税前扣除金额按当年全部保费收入扣除退保金后余额的10%为限，剩余的部分不能结转到下一个税收年度进行抵扣。这项规定未充分考虑到我国寿险业发展的现状和为完善社保体系所做的产品创新形成的业务结构性的调整，不仅没有助力，反而拖了“后退”，使得寿险公司承担的实际税率更高，现已成为我国寿险行业的发展面临的困局。业界普遍认为佣金税收问题是主要原因之一，解决这个问题迫在眉睫。当前寿险行业迈入从高速发展向高质量发展的转型升级关键时期，越来越多的寿险企业面临高佣金税的问题，这已经成为一个制约全行业发展，更好地发挥服务保障民生社会功能的瓶颈。在对一家中小寿险公司调研中发现，这一寿险公司为客户提供长期保障型产品占比大幅上升，不可抵扣佣金占比也大幅增高，出现了当期实际所得税率超过100%的现象。2017年当期所得税率近110%（公司税前收益为人民币1.71亿元，而当年度实际缴纳当期企业所得税为人民币1.87亿元）。如果相关的税收规定不做改变，2018年的实际当期税率仍将在71%左右，这将极大的增加企业负担。

二是借鉴国际寿险业税收征管的经验，改进我国寿险业税收征管政策。提升佣金费用扣除上限的改革，是提高我国寿险业竞争力重要突破口，也是与国外人寿保险行业税收征管政策相一致的。国际上通常是允许100%的扣除，无论费用是否予以递延都适用。此外，由于我国保险中介的佣金收入是全额征税的，现行的扣除限额还存在企业和个人所得税在佣金的不对称性问题。

三是随着我国保险市场进一步扩大开放，中外资寿险税收征管政策不同会带来公平性差异，影响外方股东的长期投资意愿。税收政策对于中外合资的保险机构财务核算的公平会带来疑惑，为避免额外税收负担，财税政策政策杠杆作用可助力外资保险公司长期投资我国保险业。以一家中外合资的人寿公司为例，高企的税收负担同时也在很大程度上影响了该公司外方股东在中国持续投资的意愿。据了解，其他外资和中外合资的寿险公司也有类似的诉求。对此，外方股东曾多次向相关监管机构及税务部门反映过这类情况，建议修改税务规定。

四是为适应我国保险业进一步扩大开放需要，有必要完善支持寿险企业发展的财税政策体系，全面落实现行优惠税收法规，支持我国寿险行业发展。

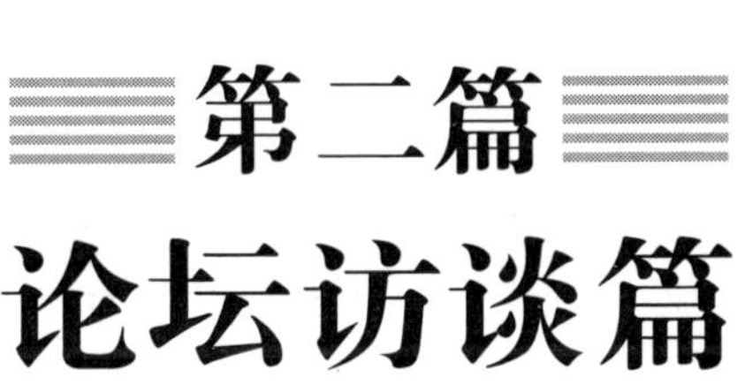

第二篇 论坛访谈篇

CHAPTER TWO

网络信息安全与社保数据共享机制建设

在这个科技日新月异的时代，中国保险学会、中国社会保险学会与工信部信息中心三方秉持跨界融合、信息共享、创新发展的理念共同举办这次会议，与各界专家一起探讨网络信息安全与相互制长期护理保险这两个重要话题。养老保障体系建设关系到民众的切身利益，面对基本养老保险一支独大、商业养老保险发展滞后的现状，中国保险学会与中国社会保险学会经过多次磋商，于2017年年初达成战略合作意向，双方愿意共同努力推动社会保险与商业保险融合发展，充分发挥保险社会“稳定器”的职能。

互联网技术的飞速发展，有效推动了虚拟世界与传统世界的融合，推动了人们生活方式、行为方式的转变，互联网与各行各业的融合发展是必然趋势。互联网时代的到来，给社会发展带来新的机遇，也带来新的风险管理挑战。从世界范围看，网络安全威胁和风险问题日益突出，并逐步向政治、经济、文化、社会、生态、国防等领域传导渗透，可以说没有网络安全就没有国家安全。

世界经济论坛发布的《2017年全球风险报告》将“网络攻击”列为可能性最高的十大风险之一。网络安全事件一旦发生，不仅给企业和个人造成损失，还可能危及国家安全。保险是风险管理的基本手段，在网络安全形势日益严

---

① 本文系作者2017年在“网络安全及相互制长期护理保险研讨会暨战略合作签约仪式”上的讲话

峻的今天，应加快发展网络安全保险，发挥保险在风险保障中的作用。从国际市场看，欧美等国家发展水平相对较高，在全球网络安全保险市场分布方面，美国约占 90%，欧洲约占 8%，亚太地区占比仅为 1% 左右。从国内市场看，网络安全保险还处于起步阶段，国内只有几家险企推出网络安全保险，对客户因网络攻击而遭受的经济损失进行弥补。当前，我国网络安全保险在发展中存在问题主要有三：一是缺乏一套标准化的网络安全数据集；二是网络风险评估难度大，产品定价难；三是产品面临较高的道德风险和欺诈风险。2017 年 6 月 1 日《中华人民共和国网络安全法》正式施行，明确了网络安全中涉及的企业、运营者、消费者等各方的权利、义务，这将成为国内发展网络安全保险的一个契机。

推进供给侧结构性改革，是保持行业持续健康快速发展的必然选择，也是建设现代保险强国的必由之路。要促进保险产品和保险服务升级，适应保险消费需求升级的变化。目前，我国老龄化进程正处在加速过程中，根据《“十三五”国家老龄事业发展和养老体系建设规划》预测，到 2020 年全国 60 岁以上老年人口将增加到 2.55 亿人左右，占总人口比重提升到 17.8% 左右。根据《第四次中国城乡老年人生活状况抽样调查成果》显示，2015 年全国城乡失能、半失能老年人口在老年人口中的占比 18.3%，总量约为 4063 万。受社会结构小型化、人口的疾病谱变化以及人口寿命延长等因素影响，市场对长期护理保险的需求日益增长。长期护理制度是解决老龄化问题的国际典型的民生保障机制，很多国家如德国将长期护理保险作为其社会保险体系的重要支柱，这也是我国长期护理保险的发展发向。相互制保险形式是国际上非常成熟的保险形式，其特点是保险人既是股东也是受益人，这种模式在国外的养老、医疗领域都得到广泛应用。相互制在养老领域的探索和应用，对完善养老保障体系是一个非常好的尝试，希望在中国的一些地区先行试点，积累实践经验，为民生保障做出有益的实践探索。

长期以来，我国保险行业与人社部数据共享途径不畅通，信息不对称的问题突出，这既对保险行业的理赔成本管控构成了不利影响，也制约了保险行业在民生保障领域进一步发挥社会职能的能力，难以实现经济效益与社会效益的同步提升。加强保险行业与社保数据共享，促进保险业与人社部形成信息共享机制，是保障医疗卫生相关保险业务健康发展的根本途径。当前，无论是从国家政策、法律层面，还是互联网技术层面以及形成信息共享机制意识层面来看，推动保险行业与社保数据共享机制建设已经迎来了新的发展机遇期。希望以中国保险学会和中国社会保险学会正式签约合作为契机，我国社会保险与商业保险融合发展能进入新阶段，长期护理保险试点工作能取得创新性成果。

保险业服务实体经济要“找准着力点”

从“天眼”探空到“蛟龙”探海，从神舟飞天到高铁奔驰，从航母下水到大飞机首飞……一件件“大国重器”成为中国制造业由大到强的新“名片”。而在铸造这一张张新“名片”的背后，都有保险业保驾护航的身影——小到选材用材，大到全程保障。

缘何举行业之力全心护航？正是因为保险业深谙实体经济是国民经济的根基，是立国之本；而金融是国之重器，是国民经济的血脉。为实体经济服务是金融的天职与宗旨，也是防范金融风险的根本举措。

在这样的大背景下，如何让保险业更好地服务国家战略和实体经济，是摆在行业面前一道共同的课题。

2018 年全国两会期间，全国政协委员、中国保监会原副主席周延礼在接受上海证券报记者独家专访时表示：“保险服务实体经济的关键在于充分发挥保险的核心功能，分散和转移实体经济运行中的各种自然灾害、意外事故、法律责任以及信用等风险，要‘对症下药’，从创新发展的角度去探寻服务实体经济的着力点。”

2018 年恰逢改革开放 40 周年，深耕保险业近 40 年的周延礼道出了他眼

① 2018 年 3 月作者接受上证报独家采访

中的“保险业对外开放”。他坚信：随着国内保险业的进一步对外开放，洋为中用、兼收并蓄，保险业的经营管理水平一定会再上一个台阶。

保险业服务实体经济要“找准需求”

上证报：保险业与实体经济是相伴而生的，两者间的关系是“共生互荣”的关系。实体经济的繁荣发展离不开保险业的“保驾护航”，保险业的发展壮大以厚实牢固的实体经济为坚强后盾。如何发挥保险业的独特优势，更好地支持实体经济的发展？应该从哪些方面着手？

周延礼：在我看来，保险服务实体经济，应该从这几个方面着手。首先，要发挥保险业服务实体经济的保障功能。保险业通过建立以农业保险、大病保险为核心的保险扶贫保障体系，有效防止了贫困户因病因灾返贫致贫。2017 年，农业保险为 2.13 亿户次农户提供了风险保障金额 2.79 万亿元；支付赔款 334.49 亿元，4737.14 万户次贫困户和受灾农户受益。

其次，围绕“去产能、去库存、去杠杆、降成本、补短板”五大重点任务，保险资金发挥优势，助力钢铁、煤炭等行业加快转型发展和实现脱困升级，支持保险资金参与降杠杆和市场化债转股。

最后，保险业护航“一带一路”倡议，解决企业“走出去”的后顾之忧，通过保险的手段，合理转移风险。如一方面，从保障基础设施建设、保障人员财产安全、保障责任风险、保障船舶货运等方面，为企业海外发展提供全方位风险保障；另一方面，加大产品研发和引入的力度，搭建国际业务保险产品库，积极尝试国际化产品创新。

上证报：保险业在服务实体经济上已经取得了不小的成绩。下一步，保险业应该如何创新服务功能、发挥更大作用？

周延礼：保险业服务实体经济，一定要“找准需求”“找准着力点”。保险公司在制定战略、创新产品和服务、资金安排等过程中，一定要立足于实体经济的需要。

第一，要坚持“保险业姓保”，紧密围绕服务实体经济及服务国家重大战略，服务人民美好生活需要等主题去设计保险产品。如提升保险的覆盖面和渗透率、发挥经济补偿功能、做好防灾减损等。

第二，运用好科技赋能，抓住保险科技创新的机遇。比如，通过大数据、云计算、人工智能等技术，加快推进产品创新、服务提升和成本管控，服务国家治理体系和治理能力现代化。同时，还可以通过保险科技，加快开发小额、低价、简洁、个性化的保险产品和服务，发展普惠金融。在保险科技创新方面，中国平安走在了保险业前列。

第三，要创新保险服务，注重保险服务和实体经济在重点领域关键环节的对接，不能“隔山买牛”。如引导保险资金支持“一带一路”倡议和国家重大发展战略，参与雄安新区建设，探索新的投融资机制；不断创新保险业服务实体经济形式，创新再保险和巨灾险业务模式，推进地震巨灾保险制度实施、推进新材料首批次应用保险补偿机制等。

服务实体经济乃金融之本，而保险是现代金融业的重要组成部分，从其核心功能来看，服务实体经济更是保险之基，只有这样保险等金融业才能行稳致远，我国经济才能向现代经济体系、向高质量发展阶段迈进。

构建保险业对外开放新格局

上证报：2018年正值改革开放40周年。过去这些年里，外资的进入，为我们国内保险业带来了哪些变化？

周延礼：中国的发展得益于对外开放，保险业的壮大亦离不开开放。在中国特色社会主义进入新时代的关键时期，在对外开放将向更深层次、更高水平跃升的重要时刻，回顾、审视并展望中国保险业的对外开放，将引领我们更好地前行。

改革开放以来，尤其是加入世贸组织以来，保险业坚持稳妥审慎和依法推进的原则，探索出分步骤、多层次推进对外开放的路径，取得较好效果，成为开放时间最早、开放程度最高、开放步伐最快的金融领域。

从最早国内保险业只有中国人民保险一家公司，到现在有 200 多家保险公司，形成了百花齐放、百家争鸣的良好发展态势。截至 2017 年 7 月末，共有来自 16 个国家和地区的境外保险公司在我国设立了 57 家外资保险公司，下设各级分支机构 1800 多家，世界 500 强中的外国保险公司均进入了中国市场。

外资保险公司的进入，带来了先进的理念、技术、产品，推动了行业改革发展；在合规和风险防控方面，外资保险公司坚守依法合规经营理念，积极防控风险，推动了市场规范化发展，起到了很好的示范作用。

同时，我国保险业每一轮新的发展都与改革开放直接相关。比如，从恢复国内业务、打破独家垄断、允许外资进入、产险与寿险分业经营、引入代理人制度、增加市场主体、开发新型产品、开拓银邮渠道、建立我国生命表等，通过巧借外力推动了保险业的发展，也取得了一些值得称赞的成就。

值得一提的是，友邦保险 1992 年进入中国后，把整个代理人制度带进来了，这对中国保险行业起到了非常快速的推进作用。截至 2017 年底，我国保险代理人规模达到 806.94 万人，较年初增加 149.66 万人。代理人扩容带来了人身险公司保费增长，个人代理业务原保险保费收入 13065.64 亿元，占人身险公司业务总量的 50.18%。

再就是改革开放以来，随着中国经济的发展，我国航运保险显示出强劲的发展潜力，通过产品和服务的创新，延伸到了航运产业的各个环节，为航运经济的发展提供了广泛的风险保障服务。尤其是上海航运保险中心建设有效推进，目前，上海航运保险经营机构迅速集聚，产业链日益完善，业务规模快速增长，改革创新成效显著。上海航运保险协会正式代表中国保险业，已成为全球最大的航运保险协会组织——国际海上保险联盟的一员。

上证报：根据开放政策："3 年后将单个或多个外国投资者投资设立经营

人身保险业务的保险公司的投资比例放宽至51%，5年后投资比例不受限制”。这个进一步开放，对国内保险业意味着什么？我们应该用何种姿态更好地去拥抱开放？

周延礼：上述开放政策契合了我国高水平对外开放的需要，意味着外资进入保险业的组织形式可以更加灵活，在合资公司中可以谋取控股地位，甚至还能以独资子公司的形态经营，从而增强了外资保险公司的经营灵活性与自由度。同时，进一步开放可以促进改革，对于推动保险市场改革，促进保险市场竞争，提高市场效率都具有积极意义。

作为当年中国入世谈判的焦点和入世后对外开放的“排头兵”，保险业在中国整个对外开放战略布局中一直居于重要地位。为了更好地迎接改革开放，既要把市场开放的工作做好，同时要修炼内功，提升中资保险公司的质量和水平。讨论保险业的对外开放问题，不能就保险论保险，而应当站在国家经济社会发展的高度，来谋划保险业的角色担当，由此来规划保险业的对外开放。

引进先进的管理经验和管理技术的同时，需要国内保险公司“洋为中用”，在经营管理过程当中要研究中国保险市场的一些特点和消费的需求，提出带有中国特色、符合市场特点的保险经营管理方面的做法、管理标准、创新产品和服务方式，形成有中国特色的保险业发展之路。

铸就全链条风险防火墙

上证报：防范金融风险是当下的主旋律。保险业是经营管理风险的特殊行业，绝不能由“风险的管理者”，异化为“风险的制造者”。目前保险行业主要存在哪些风险？

周延礼：2018年年初，保监会下发的《打赢保险业防范化解重大风险攻坚战的总体方案》指出，一些重点领域和重点公司的风险逐步暴露，各类违法违规乱象丛生，特别是少数问题公司风险、公司治理失效风险、资金运用风险、保险风险、资本不足风险、新型保险业务风险、外部传递风险、群体性事件风险等重大风险因素不容忽视，保险业风险防控工作不能有丝毫懈怠。

当前，在寿险领域，应高度重视退保风险，在产品设计方面要注意长寿风险；在资金运用领域，要高度重视“长钱短用”“短钱长用”带来的错配风险；在财产险领域，要避免由恶性竞争带来的经营效益不佳的风险。此外，保险业是靠声誉吃饭的，所以务必要重视行业的声誉风险。

上证报：在严控金融风险的背景下，保险业应当怎么做？

周延礼：金融是现代经济的血液，金融安全，经济就安全。金融安全是这段时间保险监管领域应该考虑的一个重要问题。最近监管部门先后出台了一些政策措施，应该说是合适的，有效的。

作为保险业来讲，首先是不要出现风险，其次还应当消除隐患，来提高行业的运行质量和效率，这是关键。在我看来，我们对当前风险要采取一些果断的措施处置，对长远的隐患要采取一些政策来预防、抑制，防止把这种隐患变为现实的风险。

全行业现在应该要把防风险放在突出位置，深入治理市场乱象，果断处理一些潜在的风险，完善防控风险的长效机制，守住不发生系统性金融风险的底线。在这过程中，需要对一些突发事件和潜在的风险有所警觉。比如，“黑天鹅”事件，要想方设法采取有效措施，防止突发事件的发生；又比如，“灰犀牛”事件，我们应该有一个预期安排，防范潜在风险的出现。这些都需要我们去认真研究思考，要通过加强保险风险管理、提高保险保障的功能来解决这些问题。

此外，保险业是个高度重视信用的行业，信用是行业的立足之本，所以要重视保险业信用体系的建设。

挑战愈发严峻 协同监管成潮流

随着经济和社会的进步，防范风险导向包括兼蓄包容、刚柔并济的监管环境，同时也要求金融体制进一步地深化改革，推进金融监管体制能够适应经济和社会发展的需要。这已经成为了当前金融改革的一个重要议题，否则，金融监管的不适应性风险也在一定程度上可能存在导致系统性金融风险的隐患。

改革开放 40 年：金融监管体制改革的迫切性

党的十一届三中全会以后，我国的经济改革经历了千辛万苦的探索，找到了中国特色的发展道路，最终形成了习近平新时代中国特色社会主义思想，我们党的理论自信、制度自信、道路自信、文化自信应该说是前所未有，政治意识、核心意识、责任意识、大局意识也空前增强，加强党的建设，党要管党、从严治党，特别是在金融领域应该起到了积极的效果，党的十九大把习近平新时代中国特色社会主义思想写进党章，奠定了治国理政、长治久安的根本保证。

① 本文系作者 2018 年 9 月 28 日在中国银行保险业国际高峰论坛上的讲话

我国经济发展的40年，是全面深化改革、不断扩大开放的40年。同时，经济体制的全面深化改革，带来了我国金融监管体制改革的路径变迁。金融变革的每一个阶段都体现着改革的动能和开放的特征，国家经济领域的改革开放，促进了金融监管体制和管理方式的变革，反过来金融监管体制改革也促进了整个金融体系的发展变化，改革后的金融监管体制和不断完善的金融运作体制，也适应了实体经济发展的需要，成为历次金融监管体制改革政策框架的主线。

当前，分业监管的体制在我国金融综合经营趋势下已暴露出诸多不适应性，主要表现在监管思维、监管理念、监管制度、监管体制、监管竞争、监管空白和监管重叠等方面。

回顾40多年来我国金融市场出现的一些波动，股市，债市，还是汇市的异常波动都反映出金融监管体制的不适应性，在金融监管的空白、叠加或者是缺失的情况下，都会给不法的套利行为创造了有利条件，也助推了一些金融资源的体内循环，金融高杠杆率的企业，系统性金融风险的隐患不断加大，从而显示出金融监管体制改革的迫切性。

2018年我国经济正处于一个经济增长新旧动能转换的时期，特别是在培育新的增长动能，优化经济结构，经济转型升级的任务十分繁重的情况下。需要金融监管体制予以配合，并且相适应。与此同时，要大幅度地重塑金融体系，规避预想不到的各类风险，因此循序渐进地推动我国金融体制特别是金融监管体制的改革，是较佳的选择。

我国金融体制改革历程

早期，我国的金融监管是综合性监管，由中国人民银行承担。中国人民银行是集央行、监管为一身，是货币政策、金融监管政策的制定者，也是金融监管政策制度的执行者，表现为职责混淆，权责不清。但随着金融运行的专业化推进，金融监管的新业态不断地发展。

1998 年下半年分别成立了证监会和保监会。2002 年召开了第二次全国金融工作会议，决定成立了银行的专业监管部门。2003 年银监会成立，逐步形成了分业经营、分业监管的金融市场监管格局。

目前，随着我国金融市场监管体制的框架逐步形成，金融业务的结构也逐步成形、稳定。面对互联网、金融科技的广泛应用，跨领域的业务创新在不断出现，产生了金融市场的融合局面，金融监管也要向全覆盖一体化演进。国务院金稳委诞生，预示着监管统一、高效有力的金融监管体制改革取得阶段性成果。中央银行制定货币政策，同样也要维护金融稳定。总体而言，金融监管体制、制度和格局的转变，是经济结构调整与发展、金融市场改革与深化等多因素的综合作用结果。具体到我国金融监管体制的变革过程，可以归结为改革的深化和开放的扩大推动的结果。

从 20 世纪 80 年代改革开放初期以来，伴随着我国金融体制改革，主要伴随着国有的银行保险公司先后恢复成国务院直属的机构，按照商业化市场化的模式经营，成为金融市场的参与者和竞争者。自负盈亏的市场主体，建立了现代企业制度，完善了公司治理结构，允许外资金融机构开设代表处，逐步设立机构，开展相关的业务，丰富了金融市场、金融产品也推陈出新，不断地满足广大金融消费者的需要。当时的金融监管的体制和制度，还处于探索时期，我们学习借鉴了发达经济体的国际金融监管的有益实践，结合我国金融市场阶段性特征，制定了《中国人民银行法》《商业银行法》《证券法》《保险法》等一系列的法律法规。在此阶段，一行三会对金融业务实施统一的监管，一行三会的分业监管的体制，阶段性地适应了金融市场成长时期的需求。专业化的监管分工机制，解决了各类业务高速发展带来的金融监管挑战，提高了监管的专业化水平。

金融监管面临的挑战更加严峻

随着我国金融市场不断地繁荣发展，各类金融机构开始探索创新，机构之间的经营壁垒在不断拆除，银行、保险、证券业务也开始形成跨市场，跨行业的联动运行。金融机构逐步形成全牌照甚至是交叉持牌的经营局面，形成了许多拥有全牌照的金融控股（集团）公司，形成了金融控股框架，对于金融监管的挑战越来越严峻。

特别是在互联网时期，金融监管面临的挑战更加严峻，主要是表现为，一是监管套利现象；二是监管竞争的博弈；三是监管空白和信息不对称。这些问题的存在造成了信息统计上和事实上的分割，无法进行穿透性监管，无法追踪资金的来源和最终的流向，无法对系统性风险进行识别和决策。监管体制以机构监管为主要抓手，分业的监管规则也未能覆盖到高杠杆的融资活动。同时，分业监管也造成了资金的流向和资金的性质信息缺失，资金的效应没有得到良好发挥。由此可见，随着金融创新的不断深化，金融机构提供的金融产品和服务的范围将逐步地扩大，忽视金融机构与金融市场之间潜在的系统性的关联，进行传统方式的监管，会遇到多重监管和监管真空并存的局面，监管体制改革和协同推进，势必成为金融市场健康持续发展的必然要求。

金融监管机构应积极推崇宏观审慎监管理念

2018 年是国际金融危机以来的第十个年头，要及时回顾和总结 2008 年国际金融危机的经验和教训。从国际上看，发达经济体思考本国的金融市场体系和金融监管体制的问题比较多，把保护金融消费者的利益摆在重要的位置，注重金融监管体制改革，特别是监管目标的设定，是实施监管协同运行在方式上形成协同。在主要模式上，形成宏观审慎监管和微观审慎监管的同时推进。

国际监管从机构政策的取向来看，监管思路积极推崇微观审慎监管理念，强调金融机构的风险评估、制度化、标准化、常态化，监管的标准上特别强调金融机构的资本充足率，保险的偿付能力等国际金融监管标准的要求。从事维护市场稳定、注重金融机构之间连带的责任风险，防止其他金融机构经营不善或者偿付能力不足，对其他金融机构产生负面影响，抵挡其他金融机构面临的破产倒闭风险甚至产生的连带责任。

发达国家强调的改革，特别要强调改革的独立性，要结合本国的实际情况开展。从改革的特征上来讲，积极的推崇宏观审慎监管理念，以应对金融机构、金融市场、实体经济部门还有金融监管部门的广泛关联，以改革为突破口，以系统性金融机构监管为重点，特别强调宏观审慎监管的独立性、重要性和必要性。比如，美国美联储作为监管职责的主要承担者，出台了《多德·弗兰克法案》，并制定了一系列监管制度，实施了一系列监管措施。在英国，英格兰银行作为监管职责主要承担者，大力改革和调整监管机构，为加强市场行为监管专门设立了金融行为管理局，在实施宏观审慎监管、统一协调，加强金融市场行为的监管，来维护金融消费者的利益。一些其他的发达国家也效仿美国和英国的一些做法，进行了监管体制改革，多数是根据本国的金融市场发展的阶段性态势和格局来制定监管的制度、政策，并调整监管机构。

国际金融监管机构也特别强调协同监管的机制，协同监管机制已成为国际监管的潮流。在美国，设立了事关金融稳定的研究委员会，在财政部当中也设立了金融研究的办公室，保险也专门设立了保险办公室，并且代表美国参加国际监管机构的设置，英国也类似。国际金融监管特别强调加强沟通和交流，协调国际监管，形成国际金融市场的制度建设、稳定性评估，形成一个一致性的制度规范。

我国金融监管改革符合中国国情

我国的金融监管改革也循序渐进，符合中国国情，特别是党的十九大以来，金融改革秉承稳健、宏观、审慎调控的框架改革思路，统筹协调金融监管方式，坚持以问题导向，以防范系统性金融风险特别是强调功能监管和行为监管为重点，以规则性、协调性为抓手，实现金融监管一致性的目标。工作重点上，贯彻落实第五次全国金融工作会议确定的各项工作部署，集中统一地做好监管工作。为此，专门成立了国务院金融稳定发展委员会，重组银监会和保监会，设立了中国银行保险业监督管理委员会，形成了一行两会的格局。

下一步的工作目标，特别是最近党中央特别重视金融系统深化改革问题，将防范风险，如何补短板，加强监管、集中统一协调配合，形成监管合力来维护金融稳定作为一个主要的目标。9 月 20 日习近平总书记专门主持召开了全面深化改革委员会第四次会议，会议上专门审议通过了《关于完善系统重要性金融机构的意见》。这个文件的发布的意义在于弥补了金融监管的短板，引导系统性金融机构能够稳健运行，防止发生系统性金融风险。

40 年来我国保险业改革创新成就斐然

改革开放 40 年来，在党中央的领导下，坚持实事求是的思想路线，经过艰苦的探索，找到了中国特色社会主义发展道路，秉持改革开放的基本国策，创造了经济增长的奇迹，人民的生活水平大幅提高，国家的经济实力、科技实力、国防实力、综合国力进入世界前列。中国的改革开放政策取得的成就，不仅深深改变了中国，使国家的经济社会整体面貌焕然一新，中国的发展也深刻影响全球惠及全世界，中国的发展模式成为许多国家研究的对象，成为发展中国家学习和效仿的榜样。

据统计，过去的 40 年中，我国国内生产总值年均增长约 9.5%，从 1978 年的 3679 亿元人民币增加到 2017 年的 82.71 万亿元人民币，经济总量仅次于美国，占全球的比重从 1978 年的 1.8% 上升到 2017 年的 16%，成为世界第二大经济体、第一大工业国、第一大货物贸易国、第一大外汇储备国，连续多年对世界经济增长贡献率超过 30%，是近年来世界经济增长的主要稳定器和动力源。历史证明，推动实施改革开放，是改变中国前途命运的战略之举，是当代中国发展进步的活力之源，是被验证了的正确的强国富民之路，也是实现中华民族伟大复兴的必由之路。

① 本文系作者在 2018 年 10 月 27 日在天府金融论坛・保险服务创新峰会上的讲话

作为一名中国保险业改革开放的见证者、亲历者，下面我就改革开放40年来保险业的改革发展谈些看法与思考。

改革开放40年，是中国经济社会发生历史巨变的40年，也是中国保险业发生巨大变化的40年。1978年12月，党的十一届三中全会确立了改革开放的总方针。第二年也就是1979年的4月，根据国务院批示，中国人民银行印发《关于恢复保险业务和加强保险机构的通知》，决定逐步恢复国内保险业务。从那时起到现在，已整整40年。

回顾这40年的历史进程，可以发现，保险业的改革发展是与国家改革开放的进程同时推进的。总体上看，主要经历了以下几个阶段。

一是从1980年到1991年，恢复国内业务和市场主体多元化阶段。1979年11月，全国保险工作会议对恢复保险业进行了具体部署。此后，从1980年开始，国内保险业务逐步恢复，截至当年底，除西藏外，28个省份的保险公司分支机构都已恢复。1985年3月，国务院颁布《保险企业管理暂行条例》，为成立保险公司创造了条件。随后，相继成立了新疆生产建设兵团农牧业保险公司（中华联合财产保险公司的前身，1985年）、中国太平洋保险公司（1986年）、平安保险公司（1988年）等多家保险公司，市场结构从中国人民保险公司一家垄断进入到多主体发展阶段。

二是从1992年到2000年，对外开放和规范发展阶段。1980年恢复国内保险业务后，我国开始允许一些外国保险公司设立代表处。1992年9月，美国友邦保险经中国人民银行批准在上海设立分公司，标志着我国保险市场正式对外开放。1995年，伴随着《中华人民共和国保险法》的颁布，我国保险业进入规范发展的新时期，保险业务经营体制改革和国有保险企业体制改革随之提速。与此同时，保险业对外开放试点城市从上海扩大到广州、北京等全国大中城市，一批外国保险公司获准进入我国保险市场。

三是从2001年开始，保险业全面发展阶段。2001年12月11日，我国正式成为世贸组织成员。加入世贸组织以后，我国严格履行保险业对外开放承诺，逐步放宽保险经营领域、业务范围、公司组织形式及法定分保要求等，对外开放不断扩大。过渡期结束后，我国保险业全面发展，由保险公司、保险中介、再保险公司等市场主体组成的统一开放、竞争有序、充满活力的保险市场体系逐步建立。

改革开放为保险业注入了强大生机与活力。40 年来，我国保险业紧跟时代步伐，坚持改革创新，取得了令人瞩目的成就。保险机构数量从 1979 年恢复之初的 1 家增加到 2017 年的 228 家，已经形成较为完善的保险市场体系。保费收入和资产规模分别从 1980 年的 4.6 亿元、14.52 亿元增加到 2017 年的 3.66 万亿元、16.76 万亿元，年均增长率分别达 27.47% 和 28.76%。保险密度从 1980 年的 0.47 元 / 人提高到 2017 年的 2631.72 元 / 人，保险深度从 1980 年 0.1% 提高到 2017 年的 4.42%。保险市场规模先后赶超德国、法国、英国、日本，2017 年全球排名升至第 2 位，成为全球最重要的新兴保险市场大国。保险服务已渗透到生命财产风险保障、养老医疗风险保障、灾害事故风险保障等多个经济社会领域，成为填补社会保障缺口、服务和保障民生的重要手段，成为创新公共服务供给、化解社会矛盾纠纷、应对灾害事故风险的重要机制，成为支持投资、保障出口、支持实体经济发展的重要保障。

纵观 40 年来我国保险业的发展历程，可以说，每一个进步、每一次跨越，都与思想认识提升密切相关，都与改革创新密不可分，都与对外开放政策息息相关。

第一，思想认识提升为保险业持续健康发展提供了有利的条件。思想的解放是改革开放伟大事业的引领和先导。1978 年的真理标准大讨论，掀起了一场全国性的思想解放运动，开启了改革开放的历史新纪元。40 年来，中国保险业之所以能够取得巨大成就，首要的原因就是不断解放思想、提高认识，为行业发展提供正确指导和方向。在恢复国内业务初期，保险业发展主要着眼于自身业务规模的扩张，在粗放式发展的同时不可避免导致了一系列问题的产生。进入 21 世纪后，保险业在坚持发展是第一要务的同时，开始转变发展方式，提高科学发展能力。同时认识到，只有坚持“想全局、干本行，干好本行、服务全局”，保险行业才能够实现可持续发展。2006年国务院发布《保险业改革发展的若干意见》，要求发展农业保险、养老保险和责任保险，为我国保险提出了明确的阶段性发展要求。2014年国务院印发《关于加快发展现代保险服务业的若干意见》，明确提出，保险是现代经济的重要产业和风险管理的基本手段，是判断社会文明水平、经济发达程度、社会治理能力的重要标准。这些论断将保险业的发展定位提升到了前所未有的高度，极大开阔了保险业发展的视野，拓宽了保险业的发展空间，推动了保险业的跨越式发展。

第二，深化保险改革为行业持续健康发展提供了不竭动力。40年来，伴随着从高度集中的计划经济体制向社会主义市场经济体制的转变，我国保险业不断改革创新，为保险业持续健康发展提供了强大动力。一是推进保险业务经营体制改革。1996年，完成产寿险分业经营体制改革。同时，对农业保险、健康保险、养老保险等业务领域探索实行专业化经营，并逐步培育、完善保险中介市场。二是推进国有保险公司股份制改革。2002年，中国人保、中国人寿和中国再保险公司股份制改革方案相继得到国务院批准，三家国有公司股份制改革启动。2003年11月，中国人保成为我国第一家境外上市的国内金融企业，在金融业率先完成国有公司股份制改造。2003年12月17日、18日，中国人寿分别在纽约和香港挂牌上市，并于2007年1月在上交所挂牌上市，成为中国第一家分别在纽约、香港、上海三地上市的保险公司。与此同时，中国再保险公司也完成重组改制。三是推进保险市场管理制度改革。改革开放以来，通过产品定价机制改革、市场准入退出改革，市场配置保险资源的决定性作用得到发挥。通过行政审批制度改革，赋予保险公司更大的经营自主权，调动保险公司的自主性和能动性。通过资金运用体制改革，推进保险资金专业化、规范化、市场化运作性，更好地服务实体经济发展。四是推进保险监督管理体制改革。1998年，中国保监会正式成立，标志着金融业分业监管体制正式确立。在传统市场行为监管的基础上，借鉴国际保险监督官协会核心监管原则，初步形成偿付能力、公司治理结构和市场行为监管三支柱监管框架。2016年，“偿二代”全面实施，机构监管和功能监管相结合、微观审慎和宏观审慎监管相结合的现代保险监管机制不断健全。2018年3月，为深化金融监管体制改革，解决现行体制存在的监管职责不清晰、交叉监管和监管空白等问题，党中央、国务院决定设立中国银行保险监督管理委员会，符合现代金融保险特点、富有统筹协调监管特征、有力高效的现代金融监管框架基本确立。

第三，对外开放为保险业持续健康发展注入了巨大活力。我国40年的改革开放充分证明，实行对外开放，充分利用国际国内两个市场、两种资源，是推进社会主义现代化建设的必由之路。保险市场是中国金融市场中最早对外开放的市场。从1980年起，随着改革开放不断深入，我国就开始允许外资保险公司在华设立代表处。1992年9月，美国友邦保险进入我国市场，成为改革开放后设立的第一家外商独资保险公司。友邦保险进入中国市场后，将个人代理人制度带入国内，在市场上吹起一股强劲的“个人代理之风”，开启了中国保险市场个人营销代理的新纪元。2001年底我国加入世贸组织后，保险市场开放进程不断加快，大量外国保险公司通过合资等方式进入中国市场。目前，共有来自16个国家和地区的境外保险公司在我国设立了57家外资保险法人机构，世界500强中的外国保险公司均已进入中国市场，为中国保险业带来了先进的经营理念、技术和方式，形成了中外资保险公司优势互补、公平竞争、和谐发展的新局面。

当前，我国已经成为全球最重要的新兴保险市场大国，中国保险业已经站在了新的历史起点上。“不忘初心，方得始终”。在新一轮改革开放中，我们要按照习近平新时代中国特色社会主义思想，继续贯彻改革开放政策，不断推进行业转型升级，实现高质量的目标，要始终服从服务于人民群众对美好生活的向往。要进一步解放思想，改革创新，不断增强保险市场活力，提升核心竞争力，促进行业的持续健康发展。

“百舸争流，奋楫者先；千帆竞发，勇进者胜”。40 年改革开放，40 年“凤凰涅槃”。在过去 40 年中，伴随着国家的改革开放，中国保险业不断成长壮大，风险管理和服务能力不断提升。新时代需要新作为，新作为要有新成效，保险业终将不辱使命，在未来改革开放的大潮中，实现从保险大国到保险强国的历史性转变！

“北京大学中国财富管理论坛”主旨演讲

尊敬的各位嘉宾，女士们，先生们：

大家上午好！很高兴参加北京大学中国财富管理论坛，与大家一起交流金融改革与财富管理新时代话题。这次论坛以财富管理为主题，汇聚行业内外专家、学者、从业人员，共商资产管理和财富管理行业的新机遇和新挑战，意义重大，正当其时。在此，我围绕保险业在财富管理中的地位作用和功能，谈几点看法，供大家参考。

一、财富管理发展概况

根据国际经验和国内发展情况，财富管理一般是指以客户需求为导向，通过设计投资组合、保险规划、金融理财等手段，实现财富的保值增值。

（一）我国财富管理现状

随着我国经济快速发展，社会及个人财富迅速得到积累，财富管理市场也应运而生，并经历了十几年的迅猛增长。截至2017年底，中国财富管理市

① 2018年11月10日。

场涉及规模超150万亿元，主要由银行、保险、信托、公募及私募基金、券商资管及第三方财富管理机构组成。产品涵盖银行理财、股票投资基金、股权投资基金、债券投资基金、券商资管计划、保险资管产品、投资型保险、信托、期货资管等等。近年来，我国的财富管理市场从专业公司的探索成立到发展壮大，到财富管理观念的萌发普及，从服务方向由实体服务发展到互联网联动，到单一的银行理财产品到现在的各金融机构相继在财富管理的领域迅速发展，可以说，财富管理正处于新兴发展阶段，各种理财投资工具层出不穷，投资渠道日益增多，已经形成多元化的竞争格局，目前我国金融市场中，保险业得到了充分的发展，总资产规模、保费数量都保持快速增长，保险投资领域和投资比例进一步放开，促进了保险业在财富市场中功能和作用的发挥。信托公司财富管理业务发展迅速，管理的资产规模保持稳健增长。公募基金已经覆盖股票基金、混合基金、债券基金、货币市场基金等国际主流产品类型。私募类基金发展迅速，第三方理财机构发展成为财富管理市场的重要角色。

（二）我国财富管理市场存在的突出问题

相对于成熟的财富管理市场，我国财富管理市场尚处于发展初期，突出问题有3个：一是产品同质化强，缺乏创新。现阶段国内理财产品不论是产品结构、客户群体、还是产品时限等都存在很大相似性，可供选择的投资品种有限。二是财富管理行业监管制度不一，监管套利空间较大。部分财富管理产品未在本质上改善产品的收益和风险结构，只是运用不同外壳进行包装，从而规避监管。三是专业人才缺乏。财富管理中重要的是管理者和客户之间良好的合作和信任关系，金融产品的特殊性和复杂性，决定了财富管理工作的综合性，对从业人员金融领域知识要求高，对人才的需求量大。

（三）我国财富管理市场的发展方向

未来我国财富管理市场的发展应借鉴成熟市场经验，要提供专业的金融经纪服务、开发创新更多的金融投资产品、提供全面的风险保障、优质的资产管理计划、全方位的金融咨询管理服务等。财富管理时代的到来是市场发展的需要，也是经济发展到一定阶段的必然产物，财富管理市场需要管理者有系统性的顶层设计和可持续发展规划，构建信息共享机制，搭建多方参与的合作平台，做好金融专业人才培养，做好综合财富管理，为整个经济社会发展提供坚实基础。

二、保险业在国民财富管理市场中的作用

财富管理中，保险具备特殊的行业优势，在财富管理中发挥着重要作用。

（一）保险公司提供财富管理的历史发展

二十世纪三十年代，美国开始有保险公司向客户提供投资规划、收益分析、代办手续等理财服务，产生了早期的财富管理业务。二战后随着美国经济的高速发展，美国成为世界第一大经济体，国民的理财需求逐渐扩大，各银行及其他金融机构开始引入理财产品，提供财富管理服务。发展至今财富管理业务已经成熟，在大中型私人银行、第三方财富管理公司及其他金融机构中已有广泛开展。

经过多年发展，我国已经由低收入国家进入中等收入国家行列，正在向中高收入国家迈进。我国个人财富规模较大，财富管理需求也同步提升。自2002年银行对客户进行第一次分层产生财富管理业务萌芽至今，国内财富管理服务逐渐壮大。保险业早在1999年平安保险就已经推出第一款投资联结投资保险，2000年太平洋保险推出第一款万能保险，2002年，泰康推出第一款

银保产品开启银行和保险的合作大门，2004 年，第一家专业年金保险公司太平养老成立。可以看到，保险公司在发展过程中，始终在为客户提供以保险为表现形式的基础类型的财富管理业务。经过多年发展，保险行业历经风雨，保险公司发展壮大，保险产品愈加成熟和丰富，保险业市场地位稳步提升。在可见的未来，随着居民财富的积累，风险意识的提高，理财需求的增长，保险仍然是居民在未来的财富管理规划中不可或缺的重要角色。

（二）保险在财富管理中应体现的特征

1. **保险风险保障功能实现对损失的补偿**。财富管理过程中，很容易只关注收入，而忽视支出，只关注受益，而忽视损失风险。财富的追求往往会有很大的不确定性，损失也是经常发生。就风险管理而言，保险的风险保障功能是区别于其他金融产品的本质特征，避免财富的巨大损失和异常波动，是一种有效的财富管理工具。

2. **保险产品的长周期性实现对财富的延续**。财富管理究其根本，是一种基于跨期视角的长期管理。这个“期”，指的是完整的生命周期乃至代际传承。而保险，尤其是寿险，存在的基本逻辑也正是对现金流跨越时空的分散与管理。从这个角度来说，保险天然是一种财富管理的有效工具。具体来说，保险财富管理有这么几种方式：一是家庭财富管理，保险可以为家庭成员提供健康、养老、医疗、教育、财产保全、财富增值等综合性财富管理规划；二是终身财富管理，定期寿险、终身寿险等人身保险产品可以长达几十年甚至终身，为人们提供全生命周期财富管理计划；三是代际财富管理，不少人身保险产品享受税收优惠，可以实现财富的代际传承和无缝衔接。

3. **保险投资在财富管理中可以发挥“压舱石”作用**。保险经营的负债属性，决定了保险公司在投资理念上更倾向长期投资和价值投资，从而可以穿透经济周期、抵御通货膨胀，实现财富保值增值。我国《保险法》也规定保险资金运用必须稳健，遵循安全性原则。从实践角度来看，近年来保险公司坚持稳健审慎和注重安全性的投资理念，资产管理能力逐步提升，有效抵御和减少了经纪周期波动对行业产生的不利影响，经受住了错综复杂的市场环境考虑，保险资金运用收益水平良好（2015–2017 年分别为 7.56%、5.66%、5.77%）。保险公司已经成为资本市场重要的机构投资者，是企业年金和职业年金的重要参与者。我们常说保险资金是资本市场的“稳定器”。我认为，在财富管理领域，保险公司的参与同样也可以起到“压舱石”的作用。

三、财富管理市场对保险业发展带来深刻变革

财富管理时代的到来，对金融市场的积极影响是显而易见的，同样对于保险业来说既是重要的发展机遇，也是重大挑战，将对保险业的发展产生深刻影响。

（一）国民经济发展为保险业参与财富管理奠定物质基础

我国经济社会的不断发展，国民财富实现快速积累，人们的消费观念和投资理念迅速与国际接轨，财富管理市场潜力巨大。与此同时，随着我国老龄化社会的加速到来，人们在建立退休、教育、应急及基金，管理个人资产和债务，为生活提供保险保障、合法避税等方面的需求越来越大。这两方面都为保险财富管理提供了广阔的发展空间。此外，资本市场的不断成熟完善使得保险市场与资本市场实现良性互动，为保险资金运用多元化、保险产品证券化开发等奠定了良好基础，这些都为保险业参与财富管理提供了有利条件。

（二）财富管理市场需求为保险业自身改革提供外在动力

在财富管理时代，随着客户资产的日益丰富和对资产的投资增值需求增多，客户资产配置需求将呈现多元化、全球化、个性化特征。保险业作为财富管理业务的重要产品供应商，要想更为有效地满足客户需求，在市场竞争

中取得优势，就必须在经营理念、功能定位、经营方式和服务渠道等方面加快变革。首先是经营理念要实现“三个转变”：由销售导向向服务导向转变；由规模和速度导向向追求结构和效益方向转变；由人海战术向挖掘客户需求和价值转变。其次在功能定位上要从传统的保险保障财富功能为主向保障、管理和创造财富多功能发展转变。第三，经营方式要从存量持有向存量持有和流量交易并重转变。传统保障业务的盈利模式依靠规模的扩大来实现利润的增长。而财富管理业务的实质是代客户管理资产，利润既来自于存量资产，也来自于交易流量的放大。这就需要保险公司了解客户，引导和帮助客户实现交易行为。最后，要优化服务渠道，将服务渠道由线下发展到线上，由单一转变为全面，从物理场所发展为互联网服务，实现随时回应，全球化布局。

（三）拓宽保险业务领域和盈利空间，扩大产品服务范围

财富管理业务是保险公司深入发展和综合经营的象征，它将有效拓展保险业的业务领域和盈利空间。为了在细分市场发掘各类目标潜在需求，满足客户个性化财富管理需求，保险公司需要持续创新产品和服务，整合资源优化组织架构设置，开拓新的销售渠道，从而向客户提供多样化解决方案和差异化服务。这一系列创新，可以推动保险业增强偿付能力、抵御风险能力、利润创造能力和业务竞争能力。

（四）促进从业人员业务能力和服务质量提高

专业能力和服务质量可以说是一家公司在财富管理领域的核心竞争力。相对于传统业务领域，财富管理市场的竞争更为激烈，也对保险从业人员的素质提出了更高要求。这就要求从业人员熟悉各类金融类知识，具备良好的沟通能力以和解决实际需求的能力。应该看到，这方面保险业还有较大的差距。只有努力提升专业能力，提供高效服务，保险公司才能够在财富管理这一业务领域中站稳脚跟、赢得先机。

四、我国国民财富管理进入新时代的趋势分析

随着居民收入提高和中等收入群体的扩大，全社会财富管理认知、知识与能力日益提升，在经过财富管理市场中各渠道的洗礼后，保险作为更高级的财富管理形态，将受到更为充分的认识、重视和利用。

（一）保险的功能与财富管理目标高度契合，能满足不同层次人群财富管理需求

保险提供的财富规划、生命规划和家庭规划，通过提供需求导向型的、顾问式的、低成本的风险保障产品和财富规划服务，能帮助客户分析和规划其个人或家庭未来，灵活高效地管理生命周期风险，满足个人财富保值增值需求，防范高资产净值人群的财务风险，稳定收入预期。

（二）保险资产管理业务领域日趋广泛

保险资产管理公司是国内少有的能够全面覆盖权益类投资、固定收益类、外汇投资类、产业投资类等高中低不同风险业务领域的资产管理机构。尤其是固定收益投资能力在国内应属领先，同时以固定收益为主的投资盈利模式也符合财富管理行业的发展趋势。

（三）保险业改革创新意愿强烈，创新环境和创新能力持续改善

近年来保险监管部门依照保险“新国十条”的要求，积极稳妥地推进保险资金运用改革，陆续推出了一系列保险投资新政，扩大了保险资金投资渠道，有利于保险投资多元化和投资收益率的提升。同时，通过推动设立创新试验区、产业园区等方式引导保险公司加大产品和服务创新力度，保险创新的环境日益优化，能力不断提升，为保险业持续平稳健康发展提供了有力保障。

（四）保险产品根据法律规定，能够合理降低家庭税负

我国《税法》规定，寿险产品给付的身故保险金免征受益人的个人所得税，《个人所得税法》规定，保险金不列入所得税应纳税额之内。随着税法和税收征管制度的不断完善，预计未来在养老、健康等领域会有更多的税收优惠政策出台。

五、推动保险财富管理进入新时代的路径选择

我国保险行业应充分融入财富管理时代，勇于站到争夺全社会财富管理市场份额的竞技台上，适应财富管理新形势新需求，提供特色财富管理服务，成为财富管理领域的重要参与者。

（一）确立财富管理战略地位，制定财富管理业务领域发展规划

在制定新一轮保险业发展规划的过程中，保险财富管理的重要地位应当更加突出。在财富管理领域具有比较优势或发展潜力的保险公司，在制定发展战略的过程中应在深入分析经营环境、借鉴国内外同业先进实践经验的基础上，结合自身资源禀赋优势，确立财富管理的战略地位，将财富管理确定为保险集团及子公司战略转型的主攻方向之一，以创新思维推动发展转型和经营方式转变。

（二）细分财富管理市场，强化客户导向的产品和服务

保险公司要加强客户关系管理，根据保险财富管理客户需求性质细分市场，建立有效的客户群和完整的客户分层服务体系。要突出客户需求导向的重点性和主动性，利用互联网经济的特性，加强与社会媒体的交流互动和信息分享，快速响应市场需求，推出优质产品，提供定向、全方位的保险财富

管理解决方案，吸引客户将更多的资产放到保险业，享受更为优质的保险金融服务。

（三）建立多位一体财富管理服务模式，打造跨业跨境财富管理平台

保险公司要顺应大财富管理时代需要，致力于打造高效的综合解决方案平台，搭建市场化的保险资产平台、保险资本平台、保险投控（不动产投资）等投资平台，多渠道满足客户财富管理增值需求。要加强保险与银行之间的深度联盟合作，实现保险与银行在服务上互补，丰富客户多样化财富管理需求。要实现保险业财富管理服务综合化、定制化，大力完善海外服务网络，加强保险集团与各子公司联动、境内外联动，建立保险、银行、基金、信托、资产管理等领域的综合财富管理业务平台，为客户提供跨业跨境多种财富管理服务。要加强互联网的开发和应用，构建实时服务与非实时服务相结合、远程集约化服务与柜面服务互为补充的保险客服体系。

（四）加快保险产品服务和组织创新，拓展财富管理发展空间和市场份额

积极关注和利用技术前沿，以大数据和互联网金融发展为依托，实现保险业财富管理产品、服务与经营管理模式的创新。丰富保险资产管理产品线，坚持多平衡产品经营战略，实施保险财富管理产品和服务的多方面组合创新，提升保险资产管理的核心竞争力。比如，支持国家重点项目和战略性新兴产业的发展，满足保险资金以及养老资金投资需求。要探索和开拓新的业务和合作渠道，探索创新销售模式，实现保险财富管理产品规模快速增长。如推动以投资咨询等形式销售保险资产管理产品，助推建立高端客户竞争优势。要优化服务资源配置，有效整合资源，优化财富管理运营保障机制。如可适当下放财富管理新产品研发权限，发挥保险公司省级分公司更贴近市场和客户、能及时有针对性研发财富管理新产品的优势。

（五）突出专业能力建设，提升保险财富管理效能

努力提升保险资金运用管理与风险管控能力，保障业务合规开展，在坚持稳健投资理念的前提下努力提升投资收益。要实施人才兴业战略，加强财富管理客户经理队伍建设，建立良好的激励与考核管理机制，打造一批层次较高、有凝聚力、富有效率和勇于进取的保险财富管理团队。

财富管理在世界上已经走过了一百多年的历史，但是在我国刚刚起步。这是一个极为庞大、极具潜力的市场，需要我们去精心培育。我相信，在我国财富管理市场发展完善的进程中，保险以其独特的功能和专业优势，必将发挥日益重要的作用，为我国人民享有更加幸福安康的生活提供有力保障！

改进实体经济金融服务
降低小微企业融资成本

2018年11月1日习近平总书记在民营企业座谈会上发表重要讲话，再次重申坚持“两个毫不动摇”的重要方针，明确提出民营经济只能壮大、不能弱化，要大力支持民营企业发展，并具体提出6个方面的政策举措。为深化民营和小微企业金融服务，10月23日到11月9日，国务院金融稳定发展委员会办公室派出督导组进行实地督导，进一步推动党中央、国务院关于改进实体经济金融服务、降低小微企业融资成本相关决策部署和政策措施的贯彻落实。

那么，如何解决好民营企业融资难、融资贵问题，如何发挥好金融业服务实体经济的功能作用，如何实现金融支持民营企业发展的“精准滴灌”？新京报就这些问题采访了全国政协委员、原中国保监会副主席、党委副书记周延礼。在周延礼看来，融资难和融资贵的问题是多种因素交织在一起导致的，原因比较复杂，有企业的问题，也有贷款机构的问题，有结构调整的原因，也有市场的原因。周延礼建议，要通过上下联动形成工作合力，要在精准施策中实现“精准滴灌”，要有一套完整的征信信息系统和诚信名单制度，建立起金融业服务民营和小微企业的长效机制。

① 《新京报》记者采访实录（2018年11月）

“多种因素交织在一起产生了融资问题”

新京报： 您对企业融资难和融资贵问题有哪些思考和看法？

周延礼： 国务院金融稳定和发展委员会办公室组织相关人员到基层去督导调研，主要是为了掌握情况，分析原因，有针对性地提出一些意见建议，支持帮助小微企业解决融资问题，更好地促进金融服务民营和小微企业发展。企业融不到资的原因是多方面的，从小微企业角度看，反映最多，也是最急迫的是流动资金和过桥资金贷款难的问题，严重影响企业正常经营，还有就是商业银行能贷的贷款额度与小微企业融资需求存在一定差距的问题。据观察，短期内一些企业确实有比较紧迫的资金不足情况，眼下如果解决不好短期过桥的资金问题，有些风险恐怕会“水落石出”。

从宏观的视角看，融资难也是金融市场结构的问题。现在可提供的金融产品种类很多，但真正能满足民营小微企业需要的金融产品却十分有限。民营小微企业贷款需求和银行贷款供给差距较大，特别是在贷款时限、贷款额度、抵押品要求等方面均存在不相适应、不符合银企双方的供需条件要求之处。一方面，民营小微企业确实需要贷款，但银行不了解企业的经营状况、产品状况、库存状况、负债情况，在审核贷款时很难满足企业需要。在经济下行压力加大的情况下，多种市场因素交织在一起，银行贷款条件要求还不能降低，加上监管部门“严监管”要求，一时矛盾的确比较集中，银行也要防范自身风险，结果是产生了融资难、融资贵问题，也不能完全说是因为银行不给民营小微企业贷款。

关于融资贵问题。很多民营小微企业普遍反映，现在的资金成本是可以承受的，一些地方通过正规渠道的融资成本在 7% 左右。当然，一些非正规渠道的融资成本很高。总体看，现在通过正规金融渠道能融到资的话，是可以把资金成本控制下来，融资贵的问题也就解决了。如，现在一些地方政府通过地方出资设立的担保公司，帮助企业融资提供担保，解决了不少企业融资困难。现在国家成立担保机构，也可以探索让国家级的担保机构参与进来，共同解决融资难的问题，从长远看，这些担保机构在解决融资难融资贵的一些问题时会发挥更大作用。短期看，有些民营企业难以提供更多抵押品，导致融资难；长远看，担保机构参与后会解决好抵押担保品的问题，这也是解决民营小微企业融资问题的一个重要切入点。

新京报：在您看来，应如何解决抵押担保品的问题?

周延礼：要综合发挥其他金融工具的作用。比如，保险本身具有增信功能，可以综合运用信用保险、履约保证保险、贷款保证保险等保险产品，提高企业增信能力和水平，企业付点保险费，企业会增加一点资金成本，就可获得增信功能，有助于获得贷款，从而解决了因抵押品不足导致的融资难问题。再进一步，抵押品如果到位了，增信功能到位了，企业借款的额度就可以更大一些。银行也可以适当创新一些金融产品解决这一问题。比如，有的企业要用应收账款或票据作为抵押品，可能此企业的产品库存很多，甚至有些产品马上要运出去了，资金到位虽然还需要一定的时间，但对方已经将汇票寄过来了。这时银行可以创新汇票贴现等一些金融产品，解决企业流动资金问题。

“有些小微企业没有专注主业”

新京报：从企业和机构的角度来看，是否本身也存在一些问题?

周延礼：首先，从企业角度看，一些好的民营小微企业或具备一定规模的民营企业专注主业，其贷款问题并不是很突出。而有些企业出现融资难问题的恰恰是因为没有专注主业，把贷款进行多元化的投资。比如，有些企业获得贷款后，暂时又不急用，就用贷款买了股票，有的购买有价证券，用于抵押再贷款，用一些资本投资手段再融资等。我的建议是，小微企业、民营企业一定要专注主业，把有限的资金、有限的“水”用到该用的地方才能真正“解渴”。

其次，基层金融机构营业网点存在客户经理人数不足问题，尤其是专注民营企业贷款的客户经理人数不足。现在基层金融机构一个网点有 20 多人，接近 30 人，但客户经理最多也就两三个人，一般也就是 1 ~ 2 个人。如果网点辖区内的民营小微企业较多的话，客户经理可能就服务不过来——银行客户经理要审查贷款企业的人品、产品、抵押品这“三品”，还要了解电表、水表、资产负债表这“三表”，有时客户经理可能没时间了解这些，要凭着“老关系”做业务。同时，基层网点客户经理调动频繁，新来的人对辖区企业又不了解，但企业又急需用钱，这样会有很多工作衔接不上，也会使得企业陷入融资难的困境。此外，基层网点的客户经理也要有一定的专业水平，对企业所属行业需要有一定的知识和经验积累。

新京报：在您看来，我们如何才能做好金融服务？

周延礼：金融机构基层网点要加大投入，增加服务小微和民企的工作人员，使人员配置制度化，并有一个长期的保障。银行的信贷经理只有随时了解企业经营情况，才能真正把银企对接好。

在金融产品设计上，要有针对性，“一企一策”也就是说“一个客户一个贷款政策”，为不同的客户提供的产品要有所不同，有一定的“区别对待”，这样才能实现“精准滴灌”——把握每个企业经营的脉搏，真正找到企业资金的“痛点”，并针对痛点进行资金的精准投放。我觉得这是目前一个比较迫切的任务。

即使对单个企业，单一一种的产品服务也是不够的。企业的经营涉及生产、销售、流通、仓储、运输等环节，企业还有发放工资、购买零部件和原材料等资金方面的需求。银行现在主要针对企业的经营提供贷款，这远远不够。我们的金融产品和种类要更灵活一点，多样些，要能针对每个企业不同的问题，创新性地提供金融产品，我们的服务才算到位，企业的获得感会更高些。还要充分使用创新金融工具，除了依靠传统的股权融资、债权融资、直接融资、银行信贷融资等，也要发挥保险的增信功能。通过一系列综合金融服务，解决民营小微企业贷款难问题。总之，我们必须有一套完整的制度体系，能够提供多层次、多元化的金融产品和服务，确保初创型企业、规模型企业、民企、国企等各类型企业融资需求都能得到满足。

逐步建立起一套完整的征信信息系统和诚信名单

新京报：您一直强调解决民企融资问题要“精准滴灌”。但实际中，有的好企业确实需要融资，有的坏企业本来就该退出市场，如何才能实现“精准滴灌”的目标？

周延礼：中央一直在反复强调，解决民营小微企业融资问题要“精准滴灌”，不能“大水漫灌”，“大水漫灌”容易把该用的金融资源浪费掉。对于真正需要资金的企业，我们要给予大力支持，而且要支持到位，这是我们金融服务的一个目标。但对于那些偏离主业、不符合产业政策、国家要求产业转型升级的企业，我们要有的放矢地加以引导。如何引导那些出现偏差的企业？我认为这需要我们地方政府、地方金融管理部门、地方经济和信息化委员会等部门一起来解决这一问题。

那具体如何才能做到“精准滴灌”？我们国家地域面积大，企业分布广，要想真正解决小微企业融资问题需要中央到地方每个层级、上上下下形成工作联动，结合当地实际情况，有针对性地解决好政策不到位和信息不对接的问题。

地方政府要向金融机构提供一些企业全面、准确的信息。如，哪些企业确实需要金融支持，需要什么样的金融支持，通过这种有效的对接来解决融资问题。对于金融机构来说，要按照当地的经济发展水平和企业发展情况，有针对性地提供金融资源配置服务，在配置过程中，要提高效率和水平。所以，我们一方面要加强金融政策的宣传，让社会了解金融政策，同时地方政府也可以做金融机构和企业之间的“店小二”或者中介人，为双方提供交流和沟通平台。这样，通过上下联动形成工作合力，精准施策中实现“精准滴灌”，才能解决好融资问题。

具体如何区分好企业和坏企业，金融机构要建立一个征信体系和诚信名单。现在，银行有大企业或者部分有规模有影响力的小企业的征信信息，但很多科创型、新型的小微企业缺乏征信信息。我们要从企业建立的时候起，逐步建立起一套完整的征信信息系统和诚信名单。未来十年或者再长一点的时间，我们就可以把这些信息定型，建立起一个征信信息网络。在企业需要融资的时候，可以识别出“好企业”和“坏企业”——好企业可以随时借到钱，坏企业可能就借不到钱，“奖罚分明”啊。

新京报：按照您刚才的说法，解决融资的问题，既要有短期的措施解燃眉之急，也要有长期举措建立长效机制。

周延礼：对，短期政策和长效机制的建立可以同时进行。该快刀斩乱麻的时候，就是要有一些有效的政策解决问题。也要考虑到，有些政策对短期问题可能有效，但更要有一个长远的考虑和规划，制定出一些标准和规划，要为未来标准化、制度化体系的形成做铺垫。

这一段时间，中央为解决好民营企业融资难融资贵的问题，做了一些要求。我们在提供金融服务的过程中，也要不断地总结经验和教训，形成制度安排，避免在服务民营小微企业时再出现类似的问题。

金融科技的新生态将会逐渐形成

金融科技是现代科技发展的缩影，是现代科技与金融业融合发展的结果，对传统的金融行业进行了变革和改造，拓宽了金融机构的获客的渠道，提高了金融的效率、降低了金融的成本，对广大金融消费者有强大的获得感和满足感。同时金融科技在维护金融安全方面发挥了重要的作用，积极有效地防范金融风险。金融科技产生与发展对金融产品、金融市场、金融服务都带来了巨大的变革，特别是改变了人们对金融的思维方式。金融科技的发展不是简单的金融 + 科技，而是通过大量的技术创新发展，迭代完成跨越式发展，从这个角度上讲，金融科技发展也是一个集大成的结果。保险科技从金融科技演变而来，是底层技术的研发和信息技术的应用，特别是互联网 + 的应用带给保险产品和服务的创新，改善保险公司的经营模式，调整优化管理方式。

保险科技在防范金融风险实现高质量发展方面发挥了重大作用。现在保险科技涵盖了大数据、云计算、物联网、人工智能、区块链等基础技术，契合了保险行业应用场景和数据驱动的需要，嫁接了车联网、基因诊疗、可穿戴等设备的应用技术为保险消费者提供了高效、个性定制、精准规划的方案，也促进了保险业全方位发展和多纬度的变革。2016 年兴起的保险科技，我国

① 本文系作者 2018 年 12 月 5 日在北京金融安全论坛上的讲话

保险业捷足先登，2017 年成为金融科技、保险科技创新竞相角逐的行业标杆时段，保险特别强调的大数法则的应用，借鉴了大数据等信息技术，借助于典型的有代表性的场景引入，在精准营销、核保选择、风险控制、定价模式、资金运用、经营决策等环节引入保险科技。

第一，在互联网 + 保险的时期，我们的信息技术主要以欧美国家为主，金融科技的监管规则以欧美国家主导，科技创新应用于传统的金融行业，监管的理念还是传统的，没有互联网思维更没有互联网赋能的措施。监管的很多规则管理的方式，管理的重点，还停留在线下有形和无形的资产安全方面。金融保险的监管与传统的监管方式区别不大，没有充分考虑在线上的资产运行情况，更没有考虑数字经济对金融业影响，这些对金融监管带来的挑战是非常严峻的。在中国金融业高速发展时期，保险借助了互联网 + 保险这个优势，保险科技应运而生，特别是在车险、意外险、健康险还有重大疾病领域得到广泛应用。“保险 + 数据”型的科技公司成为风投最大的投资热点，特别是我国保险科技发展领先的趋势也代表了中国互联网与物联网融合发展对生产力迭代变化促进作用非常明显。特别是一些大型互联网公司，如百度、阿里巴巴、腾讯、京东都把保险功能作为提供综合性服务的工具之一，利用保险中介撮合主营业务交易成交，促进完成主营业务的交易，实现了主营业务规模增长，盈利模式的优化，进一步满足了消费者的需求，优化了消费者体验。

第二，商业模式的创新是实现金融科技领先的典型标志，特别值得一提的是，传统的保险公司借助于资源品牌资金的优势，积极推进了数字化转型发展，积极寻求与科技公司合作，打造保险 + 科技型的保险企业，体现在云计算、大数据、智能投顾、智能产品的研发、图像和语言识别等领域，传统保险公司开始与大型科技公司及互联网企业开展全方位的合作，有些合资成立了在线的保险公司，商业价值大幅度提升，特别是众安在线、微众银行、蚂蚁金服、网商银行等。借助于我国“互联网 +”的发展机遇，全新的互联网保险公司将保险科技的优势运用到保险服务和产业价值链的提升当中，在产品设计、市场营销、定价核报、理赔服务和售后服务等方面进行全流程信息化的改造，赢得了金融消费者的黏合度，实现了保险科技优化的成果体现。

第三，在“互联网 +”中介时期，随着人工智能取代人工，预计保险中介人员的数量会缩减，角色需要转换，加强保险产品的面售和消费者教育可能是他们重要的职责。要致力于打造“互联网 +”中介多样化综合性全时空高效率的保险科技服务，建立互联网保险聚合交易平台，利用自身的场景和技术优势，为保险业定价等环节赋能，提高保险消费者的满意度。还在保险这个领域，大型互联网企业、医疗机构、旅游机构、4S 店、车辆维修等机构结合自身的用户流量、数据的优势都开始积极布局保险服务的网络，实现与其他行业、与保险业在“互联网 +”平台型的融合发展密切的结合，预计 5–10 年内可以实现“互联网 +”保险中介服务的模式。

结合这个模式可以看到，保险科技生态将要发生一些变化，随着保险科技的迅猛发展，大型互联网企业专注于赋能保险企业的科技服务公司，各类基于互联网的中介平台以及保险科技相互有关系的通讯企业、医疗、养老、旅游、物流、零售行业都会纷纷加入保险行业当中来。保险产业链条会不断的扩展，保险的生态圈也会不断的扩大。所以，以保险市场为中心的价值链条和相关企业的上下游不同的产品和服务，这种提供将会不断的延长，对客户提供一站式的服务。

未来我们保险科技面临着哪些挑战？

一是保险客户的交易记录和信息安全的风险。二是“互联网 +”保险产业融合跨行业交叉传递的风险。保险科技应用是产业融合跨行业跨领域的交易，业务的通道边界模糊，以互联网科技代表的跨界企业成为类金融、准金融的准入者，金融 + 科技 + 产业实现的跨产业的交融，市场交易结构日趋设计的更复杂，很多跨市场、交叉性的金融工具涉及到多方的合同关系，金融业内的交叉风险传递到保险行业，保险业内防范系统性风险的难度会加大。三是保险科技带来一些操作性创新不当的风险。一些保险公司信息化管理机制不健全，一些措施不完善会导致操作性风险加大。还有一些互联网企业没有经验数据积累，也没有过硬的产品和定价机制，可能会套用保险精算的体系，给固定赔付的金额吸收更多的保险消费者参与，会触碰监管的红线，违规风险叠加。四是非法集资，网络诈骗，网络风险。要立足长远，做好风险的规划，防范工作。第一要坚持防范金融风险两手抓两手都要硬；第二是坚持的保险高质量高品质的发展，动能转换、信用价值的提升；第三要坚持服务实体经济，把保险的功能充分发挥出来，真正是经济发展的助推器和社会稳定的减振器；第四是要坚持金融科技的规模，适应性发展，结构合理、质量效益的提升能够上一个新的台阶。

保险助力文化体制改革和产业发展

保险是市场经济条件下推动文化产业发展不可或缺的风险管理解决方案，保险业与文化产业融合发展作用至少体现在三个方面。未来随着“文化产品+金融创新”的步伐，保险业在构建文化产业投融资体系中还会起到更重要的作用。

近年来，随着北京市文化体制改革和文化事业的发展，文化产业在北京经济社会发展中的作用越来越突出，地位越来越重要。大力推动和发展“文化+金融”，不仅是持续激发文化产业创新活力的需要，而且是大力提高国家文化软实力和实现文化强国梦的重要举措。

保险业作为金融体系的重要组成部分，有其特有的经济补偿、资金融通和风险管理的功能，在文创产品制作和营销、市场开发和推广方面可发挥“助推器”和“稳定器”作用。因此，积极推动文化产业发展是保险业义不容辞的责任。

2010年底，文化部与保监会联合下发《关于保险业支持文化产业发展有关工作的通知》（以下简称《通知》）。《通知》下达后确定了11个首批试

① 本文系作者在2018年12月6日中国文化金融峰会上的讲话

点的文化产业险种，认定了中国人民财产保险股份有限公司、中国太平洋财产保险股份有限公司和中国出口信用保险公司成为第一批试点的文化产业保险公司，保险业与文化产业从而走向全面对接。

2014 年 8 月国务院出台的《关于加快发展现代保险服务业的若干意见》还特别强调了要“积极发展文化产业保险、物流保险，探索演艺、会展责任险等新兴保险业务，促进第三产业发展”要求。

保险不仅是一种推动现代服务业的有力金融工具，也是成熟的理财工具和财富管理解决方案，可为化解各类自然灾害、意外事故和法律责任风险提供专业服务，是市场经济条件下推动文化产业发展不可或缺的风险管理解决方案。

文化企业在发展过程中，在融资方面往往存在一些困难和问题，如大多数文化企业规模较小，轻资产运行特征比较明显，有形资产较少，无形资产较多，往往靠声誉和品牌“打天下、闯市场”，文化企业的抵押担保物品相对不足，盈利模式不明确，过往的经营业绩不突出等，融资难、融资贵问题制约了文化企业的成长，阻碍了文化产业更好更快的发展。

结合我国文化产业的现状，保险业可以在文化产业创新、提升自主创新能力等方面提供信用保险、贷款保证保险和履约保证保险等金融支持，解决文化企业资金需求困境。随着“文化产品 + 金融创新”的步伐，保险业在构建文化产业投融资体系中还会起到更重要的作用。

具体说来，保险业与文化产业融合发展作用体现在以下三个方面。

一、保险可为文化产业提供多环节、全流程的风险管理服务

一是借鉴世界上文化产业发展程度高的国家经验，保险可助力文化企业在更多领域拓展。现在，国外比较成熟的文化产业保险产品非常丰富，主要有：个人美术、珠宝、收藏品保险；展览保险；博物馆保险；公司艺术品保险；

艺术品经销保险；艺术品修复师职业保险；音乐会保险；话剧、舞台剧、马戏表演等演出保险；场地保险；公共责任保险；演出取消保险；设备损坏保险；天气保险；关键人员保险；侵权损失保险；动漫侵权责任保险；延迟完工保险等。

国外保险同行也有较为成熟承保条款和费率，定价机制科学可靠，保险理赔经验丰富。如，美国国际集团（AIG）、法国安盛集团（AXA），以及保险市场劳合社（Lloyd’s）等，都设立了专门的艺术品投保业务部或子公司。这些外资保险公司在我国都有机构，中资保险公司可多与他们交流合作，共同服务我国文化产业的发展。

二是保险可为文化产品特别定制保险产品。随着文化产业海外市场发展和保险服务水平的不断提升，许多保险公司可以为文化产业提供量身定制的一系列保险产品，采用特殊的定价方法且具有保密特点。比如，英国保险公司可以为演员的眉毛、头发等进行投保；《哈利·波特》出版时保险公司会为其量身定制版权保护；为足球运动员贝克汉姆的脚踝提供保险等。

三是我国已有文创产品保险的成功案例。我国文化产业保险起步较晚，但是也做了很多积极的尝试。我国早在1990年北京亚运会、2008年北京奥运会和2010年世博会期间，几大保险公司就曾为该类文化活动提供了相关的保险服务。当时，上海世博局要求所有展会参与者必须投保综合责任保险、建筑安装工程险、财产保险、展品和艺术品保险等四项规定保险。这次在上海举办的首届中国国际进口博览会，太平洋保险公司提供了全面的、多险种保险保障。保险服务业得到了外交部、商务部和上海市政府的高度赞扬。

在演艺保险方面，2003年中国人保和平安保险共同为“滚石”北京演唱会提供了“偶发事件保险”。中国人民财产保险股份有限公司率先推出了艺术品综合保险、文化活动公共安全综合保险等8个专属产品，且于2011年7月与中诚信托签署协议，为中诚信托拥有和保管的艺术品提供从馆藏、展览到运输各个环节的艺术品综合保险保障，保额高达1.2亿元。

中国太平洋财产保险股份有限公司2011年6月承保了影片《全球热恋》

拍摄制作的一系列保险，保险责任包括演职员中断参演、拍摄使用的相关财产损坏、以及第三方损害赔偿等。此外，太平洋保险也与国内出版社，尤其是动漫游戏生产商，合作承保完工险、侵权险等特殊保险品种。

二、发挥保险功能，改善文化企业外部融资条件

文化产业有一个特点，就是中小企业较多，自身抗风险能力较低，很难获得外部融资。如果有了保险的参与，中小文化企业风险能够得到一个适当全面的保障，企业自身融资信用等级就会相应提高，进而就可以改善企业的外部融资条件。

一是采取“银证保”模式，提高融资增信功能。在这方面，国内保险企业做了很多积极的探索，比如信贷保证保险及“银证保”模式。信贷保证保险是贷款企业不需要提供抵押或担保，仅需将自身信用作为保险标的投保或按照贷款金额的一定比例缴纳保费，保险公司为文创企业还款能力提供保证，以此获得较低利率的贷款，降低融资成本，提高企业的经营效益。

二是采取“银行＋保险”模式，提高融资规模。在企业“信贷＋保证保险”的基础上，政府负责提供保费补贴、贴息补贴和风险补偿支持；银行则放大政府资金的杠杆作用，为经营主体提供贷款；保险公司负责为贷款主体提供保证保险。

三是发挥信用保险“多险种综合保险”服务作用。中国出口信用保险公司也积极开发和探索文化产业等服务贸易方向的承保业务，例如：为文化出口企业提供融资便利和风险保障；为海外演出、会展设施提供通关关税担保；避免合同履行中关键人员违约造成的风险；为文化出口企业提供强大的资信服务；为文化企业的海外投资提供政治风险保障。

2006 年，中国出口信用保险公司为总投资 1600 多万美元《夜宴》提供 1 年的出口信用保险服务，保额在 1500 万美元—2000 万美元，这是影视作品海

外发行与政策性出口信用保险的首次合作。这份保额使《夜宴》以版权抵押的方式首次获得深圳发展银行5000万元人民币的授信。

三、保险资金参与，为文化产业提供直接融资便利

改革开放以来，我国保险业的资产规模获得了快速的发展，保险资金的应用渠道也逐渐和国际接轨。保险资金需要较高的投资回报，而文化产业正处于高速发展期，资金需要量很大，且投资回报率很高，双方在直接投融资领域有着强烈的相互需求。保险资金可以通过以下几种方式与文化企业进行合作。

1. 投资文化企业发行的债券。近年来，文化企业以发行债券方式融资的比例逐年增加，其债券发行量逐年增大，且投资风险相对较小。

2. 投资文化企业股权，既有利于促进文化产业发展，也使保险业共享文化产业高速发展的成果。

3. 投资文化产业，合作组建文创基金。2009年以来，在原文化部的积极推动下，文化产业投资进入了较快增长期，大量文化产业投资基金先后成立，这些投资基金积累大量投资文化产业的经验，并有多家基金取得了丰硕的投资回报。

4. 文创企业与保险机构合作推动文化产业发展。近几年，不断涌现保险业与文化产业合作的成功案例，包括国家京剧院与中国人寿的战略合作、新华网与中国人寿的战略合作、中国人寿作为中国网球公开赛战略合作伙伴、阳光保险5.4亿元保险计划涉足体育产业等等。

5. 保险业与文化产业合作空间巨大。将保险业引入文化类企业的生产经营中应该是未来的普遍趋势，保险公司应该针对“文化产业”设立专门的风险类别，要从多元化的角度来为文化产业设计产品，提供风险保障。

6. 要拓宽视野，学习借鉴国外保险同行在文创产品与服务方面的有益经

验。我国的保险公司需要进一步引进和学习外国成熟的文化产业保险模式，并结合我国国情加以调整和改进，研发出适合中国文化产业链前、中、后端企业的文化产业保险产品。

7. 结合我国文创市场的实际，探索中国特色的文创保险产品。特别是在传统的意外险、责任险、财产保险等常规保险的基础上，根据中国文化产业的经营逻辑和风险规律，细分出专业的保险产品，如影视类相关保险、博物馆类相关保险、艺术品修复师职业保险等。在保险产品创新方面，一方面需要建立艺术品等高价值文化商品的国际分保合作机制，另一方面需探索开发一些适合中小文化企业的新业务类型，如信用保险业务、溢额再保险业务等，以解决中小文化企业轻资产贷款难、获贷金额低等问题。

8. 加大宣传力度，形成政府和政策支持长效机制。政府补贴方面也要不断改进和优化，力图帮助保险公司建立对文化企业的认知，并协助文化企业获得保险公司的扶持。

金融脱离实体经济将会形成巨大风险

金融脱离实体经济将会形成巨大风险，所以防范风险的过程中，重要的是观察金融机构服务实体经济做出了多大的贡献。当前金融偏离实体经济主要有以下几种表现：一是金融的服务效率偏低，二是中小微企业融资难、融资贵，三是金融产品创新不足，同质化比较严重。此外，还有金融脱实向虚的问题。因此，要推动金融业更好地服务金融消费者，首先要坚持金融科技有助于提高金融服务的可得性。此外，金融科技要有助于金融服务更加多样化、定制化，不断满足广大金融消费者的需求。

非常高兴来上海参加第十五届中国国际金融论坛。这个论坛已经举办了十五年，论坛的举办在推动上海国际金融中心建设方面做出了积极贡献，特别是传递了一些新的理念、新的思路、新的做法以及新的商业模式，对上海国际金融中心建设起到极大的推动作用。

我今天也利用这个机会，和大家分享一下“科技赋能金融发展的机遇和挑战”的内容。大家知道，金融科技这几年在全球兴起，从美国、欧洲一直到中国。这几年，中国在推动金融科技发展方面做了巨大的努力，特别是一

① 本文系作者2018年12月15日在第十五届中国国际金融论坛上的讲话

些投资机构、科技机构，在这些方面大力投入，推动了金融科技快速发展，特别是在应用层面，金融科技在构建世界金融秩序方面大有可为，并且已经做出了突出贡献。

金融业服务全球经济发展，特别是金融科技已经被纳入“一带一路”建设的范围，成为金融业服务“一带一路”的有力抓手。金融科技应用范围已经扩大到整个欧亚大陆，甚至扩大到拉美地区。中国已经和 110 多个国家和国际组织签订了合作协议，这得益于习近平总书记 2018 年在博鳌亚洲论坛和上海国际进口博览会向全世界做出的庄严承诺。

习近平总书记在首届上海进口博览会上对上海提出了三项重点要求，特别是在长三角建设过程中要起排头兵、领头羊、桥头堡的作用。我相信随着国家的一系列支持上海国际金融中心建设的政策逐步落地，将会加大金融业在服务上海经济建设方面发挥巨大作用。我想上海是一个国际化大都市，政策的逐步落地，催生了大量的跨境投资、贸易结算、货币流通等金融方面的需求，将来对全球的金融秩序、金融市场、金融发展，都会产生重大影响。

金融科技在构建世界金融秩序中能够做哪些事情呢？我想从以下几个方面做一下分析，因为金融科技是“金融 + 科技”，以前我们叫“互联网 +”，现在应该强调的是“+ 互联网”。“金融 + 科技”对金融服务实体经济、服务社会发展、服务金融消费者需求方面如虎添翼，特别是在支付结算、电子货币、网络借贷、智能投顾、智能合同等几个方面都发挥了很大作用。在全球范围内，我们可以看到，中国的金融科技在电子支付规模方面占世界 50% 以上；在互联网信贷规模方面占世界 75% 以上；在全球的十大具有创新力的金融科技公司当中，中国占据了 50%，也就是说，世界金融科技公司的前十位，中国有五席。中国的金融科技已对全球的金融秩序、金融发展做出突出的贡献。我们可以看到，贡献了中国的科技发展，贡献了中国智慧和中国方案，同时引导世界金融秩序创新发展，我们也做出了中国金融科技应有的贡献。

金融科技在服务实体经济中都有哪些具体贡献呢？我们可以从理论的角

度来做一分析。金融和实体经济是共融共生的，金融的发展不是单独的，只有依附于实体经济的发展，金融科技才可以得到发展。也就是说，金融是实体经济的血脉，实体经济是金融的根基。所以为实体经济服务是金融的天职，是金融的宗旨，也是防范金融风险的根本举措。

我的观点是金融脱离实体经济将会形成巨大的风险，所以防范风险过程中，很重要的是，我们的金融机构服务实体经济方面做出了多大的贡献？那么，当前金融偏离实体经济有哪几种表现呢？

第一，金融的服务效率偏低。主要是在传统的金融服务中表现得比较突出。但随着金融科技的广泛应用之后，在这方面得到了极大改善。金融的普惠性也得到了应有的体现，金融消费者个人体验的效果，应该说是非常明显的。

第二，中小微企业融资难、融资贵的问题。金融科技广泛应用之后，也会发挥更大的作用，也是重要的工具之一。前一段时间，本人也受国务院金融委的委托到地方做金融服务的督导和调研。现在看来，金融科技应用是比较好的，解决中小微企业融资难、融资贵的问题发挥作用的效果就是好的。下一步，我们要进一步总结归纳，针对小微企业、民营经济发展，充分发挥金融科技作用。我们要深入研究，提出一些有效的措施，促进金融科技转型升级，更好地服务民营经济和小微企业的发展。

第三，金融产品创新问题。金融产品同质化比较严重，一个产品打天下，现在做不到一企一策。未来我们广泛地应用金融科技之后，可以有效地实现普惠性、针对性、精准性，可以解决金融产品的同质化问题。

另外，还有一个领域，脱实向虚。金融科技没有广泛应用之前，存在的问题是比较多的。比如金融资源、体内循环比较多，形成的金融总量相当巨大。这段时间经过监管部门的具体要求，金融机构逐步并表，把表外的业务逐步转变为有效的金融资源，支持实体经济发展，逐步改变了脱实向虚的金融资源配置，体现了金融为实体经济服务的效果。

金融服务下一步应该怎么考虑？怎么样发挥金融科技的作用？我想任何

企业、任何个人，在享受金融服务方面应该是平等的，应该是普惠的。要推动金融业更好地服务于金融消费者的需求，首先要坚持金融科技是有助于提高金融服务的可得性，企业也好，个人也好，都要同等享受金融服务，在这点上，中国人民银行有一些明确要求。金融消费者能够对金融的可得性有一个新的感觉、新的提高。这方面我们希望金融科技的应用、开发能够在金融的服务效率、服务品种、服务方式、服务可得性上有一个大幅的提高。金融科技的应用有助于扩大金融服务的覆盖面，让金融服务不受地域和区域的限制。所以，我们要广泛应用金融科技，现在也赶上了一个“互联网 +”的好时期，将通信技术作为一个平台，充分利用金融科技覆盖面较广、运行速度较快，甚至提高普惠性这方面效果较好的特点，做好金融服务，在服务广大金融消费者方面能够有实质性的提高。

未来，金融科技要有助于金融服务更加多样化、定制化，就像量体裁衣一样，不断满足广大金融消费者的不同需求。要有场景服务的深入研究，要根据金融消费者的场景需求，开发产品。根据农村、企业、零售商、网上销售等不同场景需求发挥金融科技的作用，满足人们不同场景下的金融需求。

2017 年，第五次全国金融工作会议特别强调，防范发生系统性金融风险是金融监管和金融工作的永恒主题。金融天然的一个职责就是要做好风险管理，我们要把主动防范和化解系统性金融风险放在首位。现在面临的金融风险我们也不可低估。第一个风险，互联网支付；第二个风险，金融销售领域；第三个风险，互联网保险；第四个风险，网络借贷；第五个风险，股权众筹融资，第六个风险，互联网信托和互联网消费金融。此外，在实践中或多或少都会有这样或那样的风险。

互联网保险领域的金融风险。对金融消费者、保险消费者，个人信息安全、个人信息隐私的保护至关重要，有的不规范操作，可能会对金融消费者带来这样或那样的问题。还有一些金融机构，甚至有一些网贷机构，利用平台优势，不是做撮合性的中介，而是做了信用中介，积聚资金池，遇到一些市场风险，就会出现一些极端的做法，比如说卷款潜逃。我们要按照2017年全国金融工作会议的要求，在加强风险管控、防范风险，特别是化解P2P风险方面加强研究。未来，在“信息科技+金融”方面，我们要多做一些研究，防范好风险，使金融更好地服务实体经济发展，让广大的金融消费者有一个良好的金融体验。

作为金融机构，首先要确保金融科技创新带来的各类风险能够在可管、可控、可承受的范围之内。引进金融科技的时候，要立足于防范风险的角度，提高金融服务的深度和广度。系统性风险的形成与发展，情况也是越来越复杂，风险的表现形式也是越来越多样。特别是风险交叉传递速度也越来越快，比如说，科技企业传到基础设施领域，基础设施领域又传到金融，金融反过来又对其他行业的风险进行传递，都会产生一些负面影响。所以，在这里要给监管科技提出一些要求，要充分发挥监管科技的作用。我们说，要让监管真正长上科技的牙齿，也就是要用科技手段来防范和化解风险，提高风险预警能力和风险防范水平，精准地进行风险监管。

养老金全国统筹
注资社保基金是当务之急

3月11日，新京报举办2019全国两会经济策沙龙，关注养老保障。全国政协委员，原中国保监会副主席周延礼在沙龙现场表示，商业保险应从发挥保障功能、产品设计、服务跟进等方面服务养老。目前，商业保险作为第三支柱，在养老保障体系中还有较大发展空间。

商业保险要发挥保障功能服务养老

商业保险如何进一步服务好养老，要从两个方面考虑。

第一，从保障功能角度。这次政府工作报告中，特别强调要增强保险的保障功能，如何发挥好保险保障功能，更好地服务于社会保险、养老保险是一项重要工作任务，也是改革的重点。

第二，保险产品和保险服务。过去几年，我们尝试推动税延型养老保险，在四个省做了试点，但业务规模不尽如人意。原因是什么？保险机构在产品营销上没有重视，要真正服务养老事业，保险公司付出成本是比较高的，但众多业务员优先考虑的是佣金问题，哪些产品佣金高，那些产品就好卖。养

① 作者在新京报举办的2019全国两会经济策沙龙上的讲话

老保险产品要承担强烈的社会责任，要服务于社会经济发展，替国家分忧，将来也会有一定的社会地位，尤其是税延型的养老保险产品，一定要加大推广和营销的力度，才能更好发挥保险保障作用。

此外，税延型健康养老保险，现在看来在社会上也是叫好不叫座，费了很大的功夫，但效果却不尽如人意。原因是什么？要深刻反思，从产品的设计、公司的营销策略、营销推动等方面做一些思考。从服务上来说，这些产品推销出去之后，很多后续服务是要跟进的，这方面保险机构准备不足。

做好养老保险产品的设计，要立足长远，做好统筹安排，保险要承担起真正的第三支柱职责。确切地说，商业保险距离承担好职责，实现保险为养老第三支柱发挥作用的目标还任重道远。保险业还是要深入研究产品和服务的问题，重点在营销环节中做好工作。跳出税优型养老产品范畴，一些储蓄型养老保险产品也可作为第三支柱的一部分，目前，长期保障型保险产品占比只有 20% 左右，谈不上作为一种商业型保险来承担第三支柱责任。

简而言之，在产品和服务方面，商业保险要有顶层设计和长远安排。这次中央对金融工作提出要求，做好金融供给侧结构性改革，保险产品的结构性改革也是一个重点。

另外，保险在建立多层次养老社区方面可以有效发挥作用。目前，泰康人寿、中国人寿、太平人寿等保险公司在这方面有所布局，得到了很多中等收入、中等偏高收入老年人群的欢迎。下一步，如何进一步发挥商业保险的资金运用功能，扩大多层次养老保险参与程度，是国家应该给予重点考虑的。

要鼓励保险资金投入到多层次养老保险社区建设，相关部门能否在税收、土地、资金比例以及批地、用地等方面进行一些总体规划及考虑？对居家养老，社区养老，政府办的养老机构，商业性的养老机构都给予鼓励和支持，保险业也可以深入参与。希望政府结合保险业的资金特点、资产特点、业务特点给予政策支持。

社会保障制度是稳定社会的“压舱石”

如何落实养老金全国统筹？要有一个时间表。2015 年党中央决定要做扶贫攻坚，要在 2020 年之前解决 5000 多万人脱困的问题，作为三大攻坚战之一，各省都立下了“军令状”，养老金全国统筹也可以立个“军令状”。

前两年，我在清华一个全球金融论坛上说，要解决养老金全国统筹问题，一定要研究一套办法。当时我提出来要研究对社保基金注资的办法，国家相关部门也开展了研究，包括国有资产划拨、股份减持的资金注入、财政部预算当中列入等，我觉得社保基金注资应该是解渴的问题，是当务之急。

第二个观点，管理社保基金，制定养老金制度，都要立足于全国角度来思考和把握。我国有一个现实情况，区域发展不平衡，地区各有特点。中国的人口主要集中在东南沿海，经济比较发达的地区也是东南沿海，但是一些资源却在西部、中部，要平衡好这些关系，需要平等看待。

第三个观点，一定要站位高一点，从政治角度、社会稳定角度考虑问题。例如希腊，因为养老金的问题，整个社会闹得沸沸扬扬，带来了很大的社会问题。在某种程度上，我认为社会保障制度、养老保险问题，甚至养老保险资金的管理与配置，都关系到社会的稳定，处理好了是稳定的“压舱石”。一定要上升到这个高度来考虑，涉及养老金的发放及使用，无论如何都要高度重视，要妥善处理。

坚持供给侧结构性改革 助力民营小微企业融资发展

自2007年10月18日，中央提出坚决打好“防范化解重大风险、精准脱贫、污染防治”的三大攻坚战后，防范金融风险被频繁提到。2018年7月31日的政治局会议提出“防范化解金融风险取得初步成效，要把防范化解金融风险和服务实体经济更好结合起来”。2018年中央经济工作会议，强调打好防范化解重大风险攻坚战，重点是防控金融风险，要服务于供给侧结构性改革这条主线，促进形成金融和实体经济、金融和房地产、金融体系内部的良性循环，做好重点领域风险防范和处置，坚决打击违法违规金融活动，加强薄弱环节监管制度建设。

2019年2月22日下午，中央政治局就完善金融服务、防范金融风险举行了第十三次集体学习，习近平总书记在主持学习时强调，要深化对国际国内金融形势的认识把握，正确把握金融本质，深化金融供给侧结构性改革，平衡好稳增长和防风险的关系，精准有效处置重点领域风险，深化金融改革开放，增强金融服务实体经济能力，坚决打好防范化解包括金融风险在内的重大风险攻坚战，推动我国金融业健康发展。并围绕“深化金融供给侧结构性改革、防范化解风险、金融改革开放”三个方面进行了详细论述。前一阶段，中办

① 本文系作者于2019年人民政协报第19期财经智库沙龙上的讲话

国办印发了《关于加强金融服务民营企业的若干意见》，共18条，对金融如何服务民营企业发展也做出了具体指导。

一、民营小微企业融资面临的主要困难

2018年以来，在各级政府出台的政策推动下，金融机构虽然对民营企业贷款规模有所增长，但是民营企业仍然反映金融的获得感不强，融资难、融资贵问题依然存在。在调研中发现，这种困局主要表现为以下几点。

（一）金融机构服务方式有待加强

一是银行的基层网点缺乏内生动力，主动服务的意识有待提高，存在怕担责任不愿贷、尽职免责不明确不敢贷的心理，更多是为了完成任务而做，“运动式”面上服务情况较明显。二是银行与保险公司协同力度不够，银行的风控要求严格，更倾向于将贷款发放到风险低客户，或是能获得存款的领域，即使保险公司承担全部贷款违约风险，大部分银行仍要对借款企业进行贷前审查采取了较为审慎的态度，放款效率有待提高。三是面对小微金融业务客户群体多、行业分布广、转型创新快，基层银行机构缺乏相应的复合型人才队伍且客户经理数量也不够。四是银行基层机构的客户经理人数较少，1—2名客户经理是标配，无法适应较多的贷款客户数量，更无法对贷款的使用、监测及管理全方位监测。五是金融产品宣传力度不够，部分银行的贷款政策以及贷款产品，保险公司的贷款保证以及保险产品未被民营小微企业熟知。

（二）金融机构对于风险困惑包袱沉重

在风险事件频发、不良率上升的背景下，金融机构“宁可不干事也不要出风险”的思想有所抬头。在有些地区，虽然贷款总量增加，但一些金融机构仍存在将资金投放到基础设施、融资平台及国企等“安全”领域的倾向。

大量初创企业无法获得银行贷款，有的企业本来生产经营正常，但由于行业内类似企业出现问题，遭受“一刀切”式抽贷断贷，企业因此陷入困境。一些企业也反映，“掉头贷”影响了企业的资金安排，成本增加了很多。还有的民企反映，虽然基准利率在下调，但金融机构实际贷款利率上浮的现象仍有不少，一些地区反映，贷款利率普遍在 7% 左右，较基准利率上浮 60% 之多。大多数贷款期限短（1 年）、额度有限，与企业融资需求的时间、额度都很难匹配。缺乏中长期贷款金融产品，无法满足企业融资的需要。

（三）尽职免责制度有待细化和完善

金融机构反映，尽职免责制度大大减少了信贷人员的后顾之忧，提升了金融机构服务小微企业的积极性和主动性，但执行中也存在一些问题：一是监管标准相对滞后，二是尽职认定标准难界定，各银行间不统一，执行中存在弹性空间。三是问责对象主要是一线信贷人员（有部门反映约占 7 成以上），对管理层追责的比较少，更加强化了信贷人员的“慎贷”心理。

（四）民营小微企业经营风险管理需要金融辅导

一是经营难。在当前经济下行期，小微企业面临税费负担、销售压力、成本上涨压力等诸多因素影响，经营情况欠佳。有二十年历史的企业反映，近年在融资、环保、用工成本、税务、社保等压力下，经营难以为继。二是融资难。某些地区，一些造船企业以民营企业为主，但企业反映央企订单偏向国有船企，民营船企主要以承接国外订单为主。在全球航运不景气的情况下，加剧民营船企经营困难。融资方面，国有企业有政府隐形背书，融资吸引力仍强于民营经济，存在较强的“挤出”效应。三是风险隐患较大。部分企业管理不规范，贷款之后并未投向主业，且补充流动资金，投资固定资产少。一些民营上市公司股票质押风险大，个别民营上市公司股价触发预警线和平仓线，存在因股票平仓控制权变更风险。

（五）政府部门在优化企业融资环境方面有待进一步加强

一是优惠政策普及范围有待扩大。根据一个地市工商联对全市 80 家小微企业的问卷调查，未享受过税费减免和各类财政奖补等优惠政策的企业占比高达 61%。二是政策优惠力度有待提升。部分地市每年安排过桥资金不足，相对于几百亿元的过桥贷款需求而言，近乎“杯水车薪”。三是中小银行较难达到减免税要求。通过对 9 家银行调阅资料，结果显示符合减免条件的 5 家银行无一例外均为大型银行分支机构，而 4 家中小银行中 3 家均未达到减税要求。四是信息共享机制尚未健全。当前小微企业的交易、税务、工商行政、法院执行信息、社保、供应链等数据呈指数型增长，但同时又散落各处形成孤岛，导致银行收集数据效率低下，收集成本较高。五是信用担保机构为小微企业提供增信服务的作用尚未充分发挥，担保力度不够，担保代偿不足，影响担保公司积极性。

二、金融支持民营小微企业发展途径

金融支持民营企业发展，要认真贯彻落实习近平总书记的讲话精神，进一步完善现有措施，充分释放政策效应，加强政策协调，激发各方内生动力，可持续服务民营小微企业。

（一）进一步疏通货币政策的传导机制

应坚持稳健的货币政策，把好货币供给总闸门，实施精准调控和定向调控，引导流动性和金融资源优先投向民营小微企业等薄弱环节。应完善激励约束机制，强化政策引导疏通。引导金融机构将央行再贷款优惠利率政策切实传导至民营小微企业。

（二）财税政策应更加积极有为

应尽快落实已定和新定的各项减税降费政策，积极研究出台新的减税措施，清理涉企收费，明确社会保险费率政策，消除民营和小微政策担忧，增强减税获得感。应发挥好国家融资担保基金的作用，将各地政府性融资担保公司和再担保机构尽快纳入国家融资担保基金政策支持体系。把握清理规范地方政府债务的节奏和力度，避免对民营和小微企业形成连带影响，注意政策溢出效应。

（三）监管政策应差别化精准点穴

一是结合实际情况，逐步下放审批权限，在风险可控的前提下，赋予金融机构基层更多自主权和灵活性。二是在有条件的金融机构或地区，推广民营小微企业特色支行，发挥专业服务机构的作用。三是根据监管政策导向，进一步完善金融机构内部的尽职免责管理办法，将小微金融服务与业绩、薪酬等联动挂钩，打消基层贷款客户经理顾虑。四是增加基层客户经理数量，聘用、选派熟悉行业的专业技术人员加入客户经理队伍和风险经理队伍，提高贷款管理的科学化和精细化。

（四）保险可助力民营小微企业融资抵押增信

充分发挥保险融资增信的功能，为民营经济和中小企业提供融资便利。重点开展小额贷款保证保险业务，形成“政银保”、服务平台业务模式，满足不同类型的民营经济和中小企业融资需求。其中，“政银保”模式是由财政出资成立担保基金，部分项目给予保费、贷款利息补贴，主要支持涉农、创新型小微企业等特定对象融资。服务平台模式由当地政府提供政策支持，保险行业成立小微企业贷款保证保险服务平台，主要向缺乏抵押担保的民营经济和中小企业提供保险保障，支持其获得无抵押信用银行贷款。

（五）金融机构应加快产品创新步伐

金融机构要通过创新业务模式，开展供应链金融、消费金融，为民营企业和小微企业提供融资支持。金融产品的突破可从以下几个方面着手：一是建立各类平准基金、债券市场融资、并购基金，助力民营上市公司进行并购重组，实现资源整合、地方政府合作，成立股权质押救助基金等；二是针对优质民营龙头企业，根据融资需求方需求及风控要求，提供股权融资、债券融资、夹层融资等全景式服务；三是创新供应链金融服务、消费金融服务、创设民营中小科技创新企业孵化基金、产业基金、对民营高科技中小企业提供股权融资服务；四是围绕优质家族企业，提供家族信托、产业信托等服务，有效帮助家族财富实现良好代际传承，助力家族企业基业常青。

（六）加大民营小微企业的金融基础设施建设

一是加快推动公共信用信息共享服务平台，将金融、工商、税务、司法等信息进行整合，缓解银企信息不对称问题，支持银行探索建立适合民营小微企业金融服务模式，方便金融机构提供线上便捷化信贷服务。二是提高信用违约成本，对于征信、纳税等信用状况较差等因素被纳入失信被执行人的小微企业，应加大对失信行为的公开度和惩治力度，提高失信成本。

（七）民营小微企业“要专注主业”

民营小微企业自身也应建立完善现代企业制度，规范经营、强化财务约束，聚焦主业、适度“瘦身”，不宜盲目扩张，贪大求全，忽视市场规律和商业可持续。应持续改善企业自身的信用条件，降低融资信用风险成本，应树立和遵守守信激励和失信惩戒的意识和机制，不断提升民营和小微企业自身对金融资源的吸附能力。

第三篇

调研报告篇

CHAPTER THREE

深化保险改革　防范金融风险 维护金融安全

——上海保险业贯彻落实全国金融工作会议情况的调研报告

为深入了解我国保险业贯彻落实“第五次全国金融工作会议”情况及防范金融风险所采取的有效措施，探讨推进我国保险业持续健康发展的方式和路径，我带领国务院参事室金融中心调研组一行七人，赴上海进行了专题调研。调研组在上海市参事室同志的安排下，先后走访了太保集团、太平人寿、大地财险和上海保交所等4家上海保险业的龙头企业，并与上海市金融办、财政局、上海保监局及上海财经大学相关人士进行了座谈。

◆ 2016年，上海共实现保费收入1529.26亿元，全国排名从第9名上升至第7名。保险深度和密度分别为5.57%和6319元/人，均列全国第二。

◆上海市委、市政府高度重视保险业发展，明确提出建设国际保险中心的重大战略目标，出台专门针对保险业发展的“沪28条”，以及与保险业相关的自贸区试验区“金改40条”。

◆针对上海乃至全国目前普遍存在的创新型保险业务多、风险防控责任重的问题，以及保险市场回旋余地小、竞争压力大的问题，保险业要始终牢

① 本文发表于2017年10月19日的中国证券报

牢把握第五次全国金融会议提出的“四项原则”。

◆上海承载着国际金融中心、自贸试验区建设等国家战略，从全球竞争的角度赋予保险业新的使命。因此要加快推进上海国际保险中心建设步伐。

一、基本情况

1. 上海保险业基本情况

近年来，上海保险业抓住制度创新、市场建设、功能培育、风险防范等关键环节，着力服务“四个中心”（国际经济中心、国际金融中心、国际航运中心、国际贸易中心）建设、自贸区建设、“一带一路”倡议等国家项目，取得了积极成效。2016 年，上海共实现保费收入 1529.26 亿元，全国排名从第 9 名上升至第 7 名。保险深度和密度分别为 5.57% 和 6319 元 / 人，均列全国第二。

2. 防范风险的基本做法

近年来，太平洋集团坚定“保险姓保”的经营理念，坚持创新驱动，坚守风险底线，对接国家战略和实体经济发展。一是积极参与社会治理。创新保险产品与服务供给，防范金融风险。二是综合运用风险保障、信用提升和资金支持多种方式，推动扶贫效果从“输血”到“造血”的升级。三是积极服务上海市社会治理。帮扶开展上海市轨道交通第三方安全评估，引入工程质量潜在保险（IDI），首创“社会综合保险”，开展“保通卡”业务、服务老人出行，开发食品安全责任险，推动医保卡购买税优健康险。四是协同解决中小科技企业融资难问题。首推“科技贷款履约保证保险”“科技企业创业保险”，开展重大装备（首台套）产品质量和产品责任保险。截至 2017 年 1 季度末，太平洋集团拥有分支机构 5438 家，员工 9.7 万名，保险营销员 87.7 万名，集团有效团体客户 11358 万，有效个人客户 11196 万。

3. 贯彻落实监管措施基本做法

近年来，太平人寿主动适应经济发展新常态，深入贯彻全国金融工作会议精神，认真落实保监会“1+4”系列文件要求，主动参与上海自贸区建设，坚持底线思维，扎实做好金融风险防控工作，偿付能力状况始终保持充足状态。2016 年太平人寿原保费收入 943.64 亿元，总资产超过 3200 亿元。截至 2017 年 8 月末，公司累计向客户支付赔款和生存金总额超过 667 亿元。

目前，太平人寿紧跟集团“精品战略”实施步伐，把健康管理、养老服务、财富管理作为“精品”战略的重要支撑点，全力推动健康和养老产业发展，积极布局养老社区建设，探索“全实景 + 侵入式”养老模式，构建“保险 + 医疗”生态圈。2016 年，太平人寿投资 40 亿元在上海建设“梧桐人家”养老社区，预计 2018 年项目建成后可为 3500 位老人提供养老健康服务。

4. 保险保障的基本情况

大地保险总部在上海，是中再集团旗下唯一的直保财险公司。公司自 2003 年开业以来，已累计为全社会的人身和财产安全提供 222.3 万亿元社会保障，为超过 2300 万客户提供保险服务。2016 年，公司实现保费收入 320 亿元，市场排名第六位，并连续三年获得贝氏评级公司财务实力“A 级（优秀）”评级和发行人信用（ICR）“A 级”评级。

前端业务开展方面，大地保险近年来业务增长较快，市场份额持续提升，承保持续盈利，险种结构更趋合理，综合成本率情况稳定，行业地位日益稳固；资产管理方面，大地保险资金运用情况良好，投资收益同比提升明显；服务地方社会治理方面，大地保险积极支持上海地方基础建设，积极开展首台套保险业务，大力推广责任险业务；中高端健康险业务引领市场发展；积极参与“科技履约贷保险”试点开展，大力支持中小微企业发展。

5. 上海保险要素市场建设基本情况

上海保交所既是保险交易的场所，也是严格按照公司法组建的要素市场。保交所是以保险风险交易为主线，集保险、再保险、保险资产以及保险衍生品等四大业务平台于一体，为保险机构、投保人提供交易便利的特定要素场所。保交所于 2015 年 11 月获国务院批准同意设立，2016 年 6 月 12 日正式开业，注册地位于上海自贸区，由保监会直接管理，由91家股东发起设立，首期注册资本22.35亿元。

开业一年多来，保交所各交易服务平台均取得重大进展。其中，国际航运保险平台注册机构51家，注册产品4500个，风险交易额超过2万亿元；大宗保险招投标平台实现风险交易额387亿元，覆盖6省17个贫困县56万名贫困群众；地震巨灾保险运营平台实现风险交易额709亿元，覆盖城乡居民155万户；保险资产交易平台完成4只产品集中登记，登记发行总规模120.95亿元；保险产品交易中心将遴选普惠型、公共性、保障型保险产品。

二、措施、成效及存在问题

通过调研，我们发现，为了促进上海保险业的持续健康发展，上海市委、市政府、上海保监局及在沪保险机构积极采取有效措施促进行业发展，取得明显成效。但同时，也还面临一些困难和挑战。

1. 防范金融风险所采取的措施

政府层面，上海市委市政府高度重视保险业发展，明确提出建设国际保险中心的重大战略目标，出台专门针对保险业发展的“沪28条”，以及与保险业相关的自贸区试验区“金改40条”。一是利用自贸试验区先行先试契机，全面推进上海保险业制度创新和对外开放。立足上海国际金融、航运中心建设，增强上海保险市场的集聚和辐射功能。率先在全国实施航运保险产品注册制重大改革。二是强化商业保险对民生保障的有效支撑，完善多层次社会保障体系，充分发挥保险对经济提质增效升级的促进作用。三是加强保险在特大城市治理中的高效运用，创新社会管理机制。支持保险机构利用自有贸易账户等开展金融创新业务；在全国首先创新开展保险中介机构股权信息监管重大改革；成功推动上海海运保险协会代表中国保险业正式加入国际海上保险联盟（IUMI）。

监管层面，上海市保监局立足地方实际，依托上海“四个中心”等发展战略，全面贯彻第五次全国金融工作会议精神和保监会“1+4”系列文件在上海落地生根，严格行业自律，推动行业提效升级，狠抓市场规范，切实防范化解各类风险，着力化解纠纷，创新消费者保护机制，强监管、治乱象、补短板、防风险，严守不发生系统性区域性风险的底线。

公司层面，一是深耕优势产品，优化业务结构，创新发展模式。如：太保集团实施“数字太保”战略，引入“工程质量潜在缺陷保险”（IDI），首创“社区综合保险”，开发“食品安全责任险”；大地财险精耕非车险业务，积极开展首台套保险业务，努力拓展中高端健康险市场，积极参与“科技履约贷保险”创新试点；太平人寿紧跟集团“精品战略”，探索轻资产养老的新模式，构建“保险 + 医疗”生态圈。二是服务实体经济和社会治理。如，太保集团为应对科技型中小企业融资难的问题，首推科技企业贷款履约保证保险和科技企业创业保险产品；为满足老年人交通意外保险及出行服务的双重需求，推广“保通卡”；参与推动上海地区医保卡购买“税优健康险”产品政策的出台。三是严控风险防范。如，太平人寿建立了完善的风控合规三道（执行层、监控层、监督保证层）防线，构建了“四位一体”（纪检监察、监事会、风控合规、稽核审计）的风险防范监督机制，并在所有中心支公司设立风控合规专岗，形成了规范化、流程化的工作机制。

2. 取得的成效

由于始终坚持“保险业姓保”的基本理念，坚持为社会发展提供风险保障服务，上海保险业保持了持续健康的发展势头。具体成效如下。

一是为上海稳增长和经济转型升级提供强大助力。2017 年上半年，保险业为上海经济社会发展提供风险保障共计 329.41 万亿元，是 GDP 的 8.63 倍。保险业赔款与给付共计 291.14 亿元，同比增长 8.8%。

二是多方位支持上海科技创新中心建设。为上海 110 多家企业的逾 2000 件专利提供超 5000 万元风险保障。累计为近 2100 家科技型中小企业的 70.12

亿元贷款提供保险支持。为加大重大项目支持力度，首批首台（套）重大科技装备保险保单在沪落地，总保额超10亿元。

三是有力支持“一带一路”倡议。截至2017年6月末，出口信用保险为60余家“一带一路”客户提供出口信用风险保障，基本实现沿线国家全覆盖；2017年上半年累计为“一带一路”出口和投资项目承保53.6亿美元，同比增长18%。

四是有力支持上海社会保障体系建设和民生保障事业。截至2017年6月末，个人医保账户购买商业医疗保险4.2万人，提供风险保额83亿元。大病保险覆盖上海市16个区，参保人数334万人，累计赔付金额4077.65万元，理赔2.8万人次。税优健康险累计承保8702件，保费收入1503.19万元，全国排名第二。

五是服务上海特大型城市治理。截至2017年6月末，IDI在上海全市保障性住房以及浦东新区商品住宅工程中全面实施，为上海400万平方米建筑工程提供风险保障110亿元。医责险实现三级医院全覆盖，二级医院覆盖率超过90%，累计提供风险保障60亿元。养老机构责任险实现公立养老机构全覆盖，累计提供风险保障超过120亿元。保险资金为上海棚户区改造、公租房建设等民生项目，累计注册金额840亿元。

3. 存在的问题

在取得明显成效的同时，上海保险业也还存在一些困难和挑战。

一是在服务实体经济和社会治理方面存在一些不足。产品有效供给还不能完全满足经济社会发展需要，承保能力跟不上日益复杂多样的风险管理要求，保险业改革发展立法保障有待加强，保险业深度服务大局中还存在一些障碍。

二是保险市场发展尚需进一步完善。目前，上海城市型保险市场回旋余地小、竞争压力大；创新型保险业务多、风险防控责任重；上海消费者维权意识强、监管成本高。

三是在具体业务经营和创新过程中面临一些障碍。例如：太平人寿提出在“医养结合”业务开展上面临诸多体制障碍。大地财险提出在人才引进过程中面临户口、子女就学等方面障碍，在大数据共享方面面临不同数据拥有者方面的共享体制障碍。大地财险、保交所均提出“营改增”的实施，因保险业的行业特点，导致一定程度上影响了进项税额的抵扣范围，使得相应业务经营成本并未实质性下降，变相增加了税负。

三、几点建议

上海保险业在中国保险业发展中占据重要位置，是中国保险业发展的一个缩影。为了推进全国保险业的持续健康发展，参照上海市的情况，提出以下建议。

1. 坚守第五次全国金融会议提出的“四项原则”

针对上海乃至全国目前普遍存在的创新型保险业务多、风险防控责任重的问题，以及保险市场回旋余地小、竞争压力大的问题，保险业要始终牢牢把握第五次全国金融会议提出的“四项原则”。一是保险业只有回归本源，才能区分目前创新型保险业务多是保险业发展趋势推动所致，还是少数保险公司发展模式激进所致。二是保险业只有优化结构，才能从根本上缓解保险市场回旋余地小、竞争压力大的问题。三是保险业只有强化监管，向科技要监管力量，才能够系统解决风险防控责任重的问题。四是保险业只有坚持市场导向原则，才能引导保险创新向市场积极的方向发展，才能够从本源上解决创新性保险业务多与风险防控责任重的矛盾，才能够区分目前保险市场回旋余地是否真的过小的问题。

2. 牢记金融工作的“三大任务”

针对目前保险产品有效供给不足，承保能力较弱，业务开展面临体制障碍，消费者维权意识强而导致监管成本高等问题，保险业只有牢记金融业的“三大任务”，才能在勇担任务的过程中探寻解决问题的路径。一是只有牢记服务实体经济的任务，才能从实体经济的真正需求出发，积极发展企业财产保险、工程保险、责任保险、意外伤害保险等实体经济平稳运行急需的险种，才能从根源上解决保险产品有效供给不能完全满足经济社会发展需要的问题。二是只有牢记防控金融风险的任务，坚持底线思维，把业务扩张激进、风险指标偏离度大的异常机构作为监管重点，在市场准入、产品审批备案、高管核准等方面进行必要的限制，着力整治产品不当创新，坚决清退问题产品，才能从根本上解决承保能力与风险管理要求不匹配的问题，同时解决消费者维权意识强而导致监管成本高的问题。三是只有深化金融改革，向科技要创新，向创新要力量，打通业务开展过程中面临的诸多不合理的体制障碍，支持保险资金以投资新建、参股、并购等方式兴办养老社区、养老医院。这样才能从根本上解决共享数据障碍、“医养结合”业务开展的体制障碍。

3. 要加快推进上海国际保险中心建设步伐

上海承载着国际金融中心、自贸试验区建设等国家战略，从全球竞争的角度赋予保险业新的使命。因此要加快推进上海国际保险中心建设步伐。一是持续推进上海国际航运保险、区域再保险和保险资金运用中心建设，基本形成具有较强国际竞争力和行业影响力的多元化保险机构体系。二是基本形成以上海保险交易所、中国保险投资基金为核心，国内外投资者共同参与的、全方位、多层次的保险市场体系。要加快推动巨灾保险制度落地，设立保险创新引导基金，尽快制定上海保险科技基础标准。三是持续推进保险机构的集聚和要素市场的建设。鼓励国际组织和跨国保险集团区域总部来沪发展，支持再保险公司、保险资管公司和保险法人公司在沪集聚，大力发展各类新型保险组织和功能性机构，支持设立保险金融控股公司。四是持续优化上海国际保险中心建设环境。改善税收环境，优化保险司法环境，营造适合保险国际人才生活工作的软环境，优化保险舆论宣传环境。只有以上海国际保险中心建设为抓手，持续优化税收、司法、人才引进环境，才能创新性地解决保险公司人才引进的户口和子女就学问题，才能探索性地解决“营改增”过程中变相增加税负的问题。

充分发挥保险社会管理功能构建新型医患关系

——贵州医责险探索创新模式调研报告

十九大报告指出："深化医药卫生体制改革，全面建立中国特色基本医疗卫生制度、医疗保障制度和优质高效的医疗卫生服务体系，健全现代医院管理制度。"近三年来，在贵州省委、省政府的正确领导下，省有关部门大力支持，综治、公安、司法、保监、财政等部门的协同配合，贵州省卫计委、保监局创新探索形成了"预防为主、标本兼治、打防并举、健全机制"的原则，探索建立和完善以人民调解为主体，院内调解、司法调解、医疗风险分担机制有机结合的"三调解一保险"制度体系，经过近几年的运行，取得了初步的成效。

一、基本情况

2014年以来，贵州省卫计委、保监局按照国家《关于加强医疗责任保险工作的意见》及《贵州省医疗纠纷人民调解处理办法（试行）》精神，2014年12月制定了《贵州省医疗责任保险实施方案（试行）》，2015年遴选了中

① 本文发表于2017年11月16日的中国证券报

汇国际保险经纪公司作为省医疗责任保险实施代理机构，协助省卫计委招标遴选了 1 家主承保公司及 5 家保险公司形成保险共保体，2015 年 12 月制定了《贵州省医疗责任保险统保方案（试行）》，并于 12 月 18 日召开了贵州省医疗责任保险工作部署暨新闻媒体通气会，下发《关于做好医疗责任保险投保工作的通知》（黔卫计办函〔2015〕209 号），启动了全省医疗责任保险统保工作，创新模式，特点明显。

（1）保险面广：截至 2016 年 11 月 30 日，全省有近 7588 家各级各类医疗机构参加了医疗责任保险，签单保费 1.2431 亿元。实现政府办二级及以上公立医院 100% 参保，基层公立医疗机构参保率接近 100%（个别因未开展诊疗活动未参保），村卫生室的参保率达到 60%，另有 518 家私立医疗机构参加贵州省的医疗责任保险。为全省已投保医疗机构提供了高达 200 亿元风险保障。

截至 2017 年 10 月 31 日，全省医疗机构投保数 7474 家（不含部分未到期医疗机构数），签单保费在续保医疗机构执行优惠费率的基础上达到了 1.23 亿元。

（2）满意度高：随着医责险投保工作的顺利进行，出险理赔工作也逐步展开。2016 年全省共发生出险理赔案件 884 件，已完成赔付 760 件，赔付金额 5402.41 万元; 2017 年截至 9 月 30 日，全省出现报案 468 件，完成赔付 411 件，赔付金额总计 3110.11 万元，效果明显，满意度高。

在 2016 年全国医疗管理工作会暨维护医疗秩序构建和谐医患关系工作会议上，贵州省医责险统保工作得到了国家卫生计生委主任李斌的充分肯定。

二、做法和成效

（一）发挥“市场机制 + 保险管理”模式

一是公开遴选专业保险经纪机构，搭建医疗机构和保险公司之间的交流平台。二是按照“四个统一”的工作机制制定了医疗责任保险实施方案，即统一方案、统一投保、统一承保、统一理赔。

（二）发挥“医疗服务＋保险服务”

一是改进服务，提高质量。贵州医责险运行之初因保险理赔手续较为烦琐、理赔标准认识不一等在理赔服务中出现了赔付不足额、赔付时效过长等现象。二是中介机构发挥作用。保险经纪公司切实履行职责，不断和主承保公司进行沟通，一方面明确了赔付标准统一化的问题，另一方面尝试性推出了调解达成赔付先行的服务。三是满意度提高。极大地减轻了投保医疗机构的负担。赢得了投保医疗机构的广泛认可。

（三）嵌入“保险中介＋医疗机制”

一是不断探索更符合医疗责任保险的服务模式，积极倡导保险机构提早、全程介入医疗纠纷处理工作。二是创建了“以经纪公司为枢纽保险前置服务”的工作模式。即医疗纠纷发生之初保险公司抵达出险现场，与医疗机构医疗质量管理部门快速梳理诊疗过程中的瑕疵，在明确责任后依据担责大小，制定合理的赔付方案，由保险公司理赔服务人员与患者或家属进行洽谈。三是同时积极引导患者进行医疗事故鉴定或司法鉴定，并明确告知患者可到医疗纠纷人民调解委员会申请调解。四是多途径向患者及家属提供维权服务。经纪公司全程协调保险公司出险理赔人员的服务主动性和充分履行医疗机构保险经纪人专业服务提供商的角色，对快速处理医疗纠纷起到了积极有效的作用。

（四）推动“医疗责任保险服务医疗质量管理＋医疗质量医疗安全管理”

医疗是一门不断发现和不断完善的科学，也是一个针对疾病治疗和健康呵护的服务过程。前者预示医疗具有疾病自然归转和患者个体差异的风险因素，后者则存在于患者就医过程中医疗机构提供医疗服务整个过程中从业人员服务意识差异导致的风险。贵州医疗责任保险不仅仅是投保和理赔的经济行为，更是通过经纪公司风险管理的特点，不断通过出险理赔案例中的风险点以研讨会、文本资料、重点医疗机构重点科室业务交班会、风险管理建议书等形式与医疗机构进行专业化的交流，提升医疗机构对医疗风险的认识，进而推动医疗机构在医疗质量和医疗安全管理水平的提升。

（五）不断完善“医疗责任保险服务 + 医疗纠纷调处法制化”建设

2017 年依据近两年贵州医责险服务情况，依据医疗机构医疗纠纷调处需求。经纪公司提出了“以经纪公司为枢纽保险前置、法律服务前置”的工作新思路。“保险前置”已经取得初步成效的基础上，推动法律服务前置。即在医疗纠纷发生之初提供法律服务前置，一方面利用律师知法懂法的优势在充分维护医疗机构正常医疗秩序的前提下，为患者提供法律援助服务；另一方面为投保医疗机构在医疗纠纷中提供全程法律服务，进一步推动医疗纠纷调处法制化的建设。

（六）不断探索利用保险实现医疗风险医患共担机制

医疗风险既有医疗机构医护人员执业过程中因责任履行不完整或诊疗瑕疵所引发的风险，也有疾病自然归转和患者个体差异导致的风险。为此逐步引入医疗意外保险、执业医师责任保险、护理责任保险等涉医保险有助于实现医疗风险最大程度的转移。通过近两年贵州医责险的成功运行，贵州医疗机构对医疗风险的总体意识得到了较大程度的提升。相当一部分医疗机构纷纷提出了医疗意外险、医师执业责任险的需求。为此利用保险机制构建医疗行业风险防范体系已初具条件。通过保险使患者得到更为安全有效的治疗，通过保险让医疗机构不断提升医疗质量管理，通过保险进一步激发医护人员执业信心和新技术应用的勇气，最后实现医患携手共创健康中国的伟大目标。

保险助力实体经济发展

——江苏保险业服务实体经济调研报告

发挥保险业长期稳健风险管理和保障功能，研究促进实体经济发展的思路和举措，是当前面临的一个现实课题。

服务实体经济发展的做法和成效

近年来，江苏保险业以实现高质量发展为目标，拓展保险在服务实体经济中的作用，取得了积极成效。

（一）把牢发展航向，找准服务高质量发展的“支点”着力

发挥监管引领作用，实施“推动保险业实现高质量发展 全面服务‘强富美高’新江苏建设”工程，确定172个重点项目，涵盖经济民生、政策保险、消费者服务各方面，在助推制造业转型升级、引导保险资金流向实体经济、支持江苏经济国际化和“走出去”战略中发挥了积极作用。2017年，科技保险为企业提供风险保障111.62亿元，保险资金在苏投资余额超过2200亿元，行业支持外贸出口1150亿美元，服务企业2.6万家次，其中小微企业2万

① 本文发表于2018年7月3日的经济参考报

家次。

（二）坚持问题导向，瞄准增进民生福祉的“痛点”发力

出台《关于加快发展商业养老保险的实施意见》，实施保险业助推脱贫致富奔小康工程。深化农业、大病保险发展，开展特色扶贫项目，推进收入保险、指数型保险试点扩面，规范投标行为，开展业务服务综合测评，构建“保险＋健康扶贫”长效机制。近年来，农险险种已达67个，为1759.57万农户提供风险保障785.75亿元，大病保险参保人数4796.78万人，实际医疗费用报销比例提高9.1%，以大病、养老、农业、小额保险等为主的保险扶贫保障和增信体系逐渐形成。

（三）端正价值取向，对准助推社会治理的“落点”用力

发挥行业风险管理的核心优势，推动将交通违法因子引入商车费改，建立全国首个通过精算模型测算的交通违法系数。加快发展环境污染、医疗责任、电梯责任等领域的责任保险，责任保险经济“减震器”和社会“稳定器”的作用日益凸显。近年来，各类责任保险为近20万家企事业单位提供风险保障3.53万亿元，环责险无锡模式、医责险启东样本等多项保险参与社会治理工作得到政府的肯定和推广。

存在的主要问题和不足

要增强保险业支撑服务实体经济的能力，还存在一些需要关注的问题。

（一）服务实体经济的主动性仍需提高

政策引导与市场机制双轮驱动发展不平衡，保险机构相对被动地接受政策和项目，主动研究、对接实体经济发展深层次保障需求的内生动力不足。

（二）服务实体经济的针对性仍需提高

信息不对称与行业资源配置结构性矛盾并存，资源集聚的传统产品风险覆盖面、渗透率不足，资源相对匮乏的新产品与产业体系成长、创新集群转换的匹配度不高。

（三）服务实体经济的实效性仍需提高

制度机制不健全和人才实力不足等多重因素叠加，量化评价体系不健全，熟悉产业、行业特点及发展趋势的人才储备不足，特色项目需进一步做深、做久、做实。

保险业更好地服务实体经济的意见和建议

保险业更好地服务实体经济，必须深入学习领会习近平新时代中国特色社会主义思想，围绕党中央部署和习近平总书记对金融工作的重要指示精神，找准需求、深耕细作，在服务实体经济中体现保险业的责任和担当。

（一）激发内生动能，发挥保险业服务实体经济的保障功能

围绕国家重大战略、人民美好生活需求，主动研究、对接实体经济发展的重点领域、环节，建立完善需求信息反馈、产品研发、效果评估联动的工作机制。完善以农业、大病保险为核心的保险扶贫保障体系，提高覆盖面和保障水平。推动建立政府引导、市场运作、立法保障的责任保险发展模式，提升保险服务经济动能转换的深度和力度。积极发展商业养老和健康保险，推动税优健康、税延养老等保险推广扩面，建立与基本医疗保障相衔接的商业健康保险体系。

（二）抓好创新赋能，拓展保险业在服务转型升级和创新发展中的作用

抓住科技创新机遇，加强制度机制建设，做好人才储备，推动大数据、云计算等技术运用，建立畅通的信息交流平台。围绕“三去一降一补”“一带一路”“双创”等，支持保险资金参与降杠杆和市场化债转股。创新保险服务实体经济形式，深化科技保险、中小微企业贷款保证保险发展，创新再保险和巨灾保险业务模式，支持发展文化保险、消费贷款保证保险等新型保险业务。

（三）筑牢风险防线，守住不发生系统性金融风险的底线

着力消除风险隐患，坚决整治干扰市场秩序的行为，采取果断措施处置当前风险，健全风险监测预警体系，预防、抑制长远的隐患。加强保险风险管理，健全股权管理和公司治理制度，提高保险保障的功能，加强信用体系建设，防范“黑天鹅”和“灰犀牛”事件对风险底线的冲击。防范重点领域风险向保险领域传导，关注金融业务相互交叉嵌套带来的风险外溢效应。

保险业助力青海经济发展成效明显

近年来，青海保险业切实贯彻落实全国金融工作会议精神，围绕地方党委和政府对保险业的要求，扎实推进保险业服务实体经济、防控风险、深化改革三大战略任务，重点抓好脱贫攻坚、服务三农等工作，取得了明显成效，得到了地方党委和政府的高度认可。

一、助力经济发展成效明显

保险业全力助推脱贫攻坚。在相关保险机构与省扶贫部门签署保险扶贫合作框架协议的基础上，青海保监局联合省扶贫开发局、财政厅、卫计委、人行西宁中心支行等部门出台《关于做好保险业助推青海省扶贫攻坚工作的实施意见》，积极推动“1+1+N”保险扶贫工作计划，全面加强和提升保险助推脱贫攻坚的能力。第一个“1”为农业保险；第二个“1”为具有“青海特色”的基本医保 + 大病保险 + 政府救助 + 商业补充医疗保险“一体化”保障模式。“N”为满足贫困人口各类需求的保险服务及举措。截至目前，农村小额贷款保证保险共支持金融机构发放贷款2300多万元。农村小额人身保险承保农牧民4.68

① 本文发表于2018年8月11日的中国证券报

万人，支付赔款 118.43 万元。计划生育特殊家庭住院陪护保险赔付 415 笔，赔付金额 72.02 万元。全省共有 34.96 万老年人投保意外险，已赔付 1232 笔，赔付金额 590.89 万元。

保险为“三农三牧”提供全面保障。青海省农业保险自 2007 年开办以来，农险品种从试点之初 7 个增加到目前的 21 个，基本覆盖了全省的农、林、牧、渔各方面。牦牛藏系羊保险区域从 1 个县扩大到 17 个县，承保牛羊数量达 800 多万头（只）。全省大田作物承保面积由最初的 10.75 万亩增加至 230.61 万亩，是试点初期的 21.45 倍；森林保险承保面积从 300 万亩增加至 2602.5 万亩，是试点初期的 9 倍。常规养殖业保险从 8.4 万头（只）增加至 63.07 万头（只），是试点初期的 7.5 倍。农业保险保障范围从单一责任向综合责任扩展，基本涵盖了农产品在生长过程中出现的各种自然灾害，取消了绝对免赔。同时，保险保障不断提高，奶牛保险的保障金额从 4000 元提高到 10000 元；经济林的保障金额由 800 元提升到了 1000 元。附加地震责任的农房保险覆盖全省。另外，蔬菜价格指数保险和降雪量气象指数保险也在不断推进中。从 2007 年到 2017 年的十年间，青海农业保险共为 150 余万农牧户提供风险保障 827 亿元，为 59.28 万农户支付赔款共计 9.68 亿元。

保险业的有效服务完善了社会保障体系。青海大病保险自 2012 年 12 月 1 日起开办。青海是全国人均筹资标准最高、全省统筹不搞试点一次性全面推开大病保险工作的首个省份。城乡居民住院费用按现行医保政策在基本医保报销后，商业保险公司不以疾病病种区分，对个人负担的合规医疗费超过 5000 元起付线的按 80% 比例予以报销，且报销金额不设封顶线；从 2017 年 1 月 1 日起，建档立卡贫困户大病起付线由 5000 元降为 3000 元，大病救助政策进一步向贫困人口倾斜。截至 2017 年末，大病保险承保城乡居民 454.15 万人。大病保险运行以来，累计报付 24.8 万人次，累计报付金额 11.21 亿元，其中单笔最高赔付 38.98 万元，城乡居民基本医保和大病保险报付金额占患者总医疗费用的 61.73%，平均减轻住院患者每次医疗费负担 5500 多元，有效减轻了参保人员特别是贫困人口因病导致的家庭灾难性经济负担。

为探索建立管办分离、降低运行成本、提升工作效率的有效机制，青海保险业自 2012 年以来就积极参与基本医保委托商业保险机构经办试点工作。截至目前，全省除玉树州以外的 7 个市州已交由商业保险公司开展基本医保经办服务工作。

此外，旅责险、道路承运人责任险、校（园）方责任险实现全省覆盖。安责险、环责险、个人税优健康险、老年人意外险、计划生育失独特殊家庭人员住院陪护保险、残疾人保险等也取得了一定进展。

二、存在的不足和问题

一是保险覆盖率较低。2017 年青海保险密度为 1339.68 元 / 人（全国 2646 元 / 人），保险深度为 3.03%（全国 4.42%），远低于全国平均水平。青海目前没有保险法人机构，县域地区保险机构覆盖面较低，保险机构目标考核实行全国一刀切，缺乏差异化投入，影响了县域保险业务的发展，保险服务县域经济的能力十分有限。二是保险公司创新能力不强，保险产品和服务不能完全满足当前市场需求。三是基层政府保险意识呈层层递减趋势。近几年，青海省委省政府越来越重视保险工作，在出台的很多政策中明确了相关保险工作，但从整体来看，地方政府利用保险进行社会管理的意识和方法呈现层层递减趋势。

三、改进保险服务的建议

一要加大对保险法人机构的引导，要求保险法人机构增加对青海藏区保险机构的资金和人才投入，在目标考核等相关工作中，采取差异化政策，防止只注重市场份额和业绩的考核形式。鼓励保险机构加大调查研究力度，在做好机构向县域地区延伸的同时，按不同省份不同地区开发适合当地社会实际的保险产品，避免产品同质化，服务单一化，要通过提高服务水平和个性化服务能力赢得市场。

二要中央财政加大对青海省政策性农业保险的保费补贴比例，争取全省农牧业保险等涉及农牧区人民群众的相关险种真正实现扩面、增品、提标。

三要在保险资金直投方面要做到政府引导、多方参与，共同建立保险资金投资项目库，积极引导保险资金来青投资。

四要加强与地方政府的沟通，加大对国务院关于加快发展现代保险服务业相关政策的宣传力度，进一步增强基层政府相关部门利用保险进行社会管理的意识。

浙江经验：互联网保险可以这样做

在阿里巴巴为代表的互联网企业的带动下，浙江逐步成为全国互联网发展的集聚地。在日渐浓郁的互联网思维和环境影响下，浙江保险业较早地关注和尝试互联网保险的整合创新之路，其融合发展经历了两个阶段。

第一阶段是“保险＋互联网”，即将互联网第三方平台作为传统销售渠道的一种拓展与补充，车险和意外险作为标准化产品率先亮相，随后，人身险新型产品因其具备一定的理财属性，正好贴合了互联网金融理财井喷式发展的需求，大量经包装改造的人身险新型产品在互联网平台上大行其道，规模迅速做大。

第二阶段是“互联网＋保险”，即利用保险原理为互联网发展中涌现的各类风险转移需求提供保障，主要是以提升电子商务交易效率为目的，为消费者增加安全感和为特定的电商场景提供增信等而设计的保险服务产品。因为保险的大数法则与互联网的碎片化场景应用具有天然的契合性，浙江保险业在监管部门包容开放思想的支持下，发扬“敢为人先”的浙江精神，于2010年下半年由华泰财险推出网络购物运费损失保险以后，开启了保险产品与互联网的融合创新之路。2017年全年网络购物运费损失保险的承保数量达

① 本文发表于2018年9月11日的中国保险报

68.2 亿笔，同比增长 52%，仅“双十一”单日的保单量便突破 6 亿笔，成为浙江互联网保险创新的典范。

目前场景端的保险服务已覆盖物流类、交易保障类、商家履约保证类、售后保障类、旅行相关类、账户安全类和生活服务类等，基本满足了互联网经济发展中的各类保障需求，其中国内首款网络虚拟财产交易安全保险产品，被文化部、人民银行、财政部联合评为十大“全国优秀文化金融合作创新成果”之一，累计为 1000 多万名网络玩家提供虚拟财产安全保障服务。这些创新不但有力地促进电子商务的发展，支持实体经济，也推动了保险公司更好地在产品、渠道、技术等领域推陈出新。

同时，根据普惠金融“为社会各阶层和群体提供适当、有效的金融服务”的目标，浙江互联网保险也在普惠金融方面开展有益探索。在“保险姓保”回归保障本源的精神指导下，浙江互联网保险加快业务转型，以健康险和传统寿险等保障功能强的保险产品为主，不断被搬上互联网平台进行销售，而且这些产品根据互联网不同消费群体进行量身打造，突破原有传统保险投保年龄限制多、产品价格偏高、期限不灵活、保障不全面等消费痛点，例如腾信微保平台推出的“孝亲保”定期寿险产品、蚂蚁保险平台推出的“好医保”重大疾病保险产品，均在回归保险保障本源的同时兼顾了互联网保险产品的创新性。据统计，2018 年上半年，互联网销售健康险保费增速达 32.2%。

此外，除了与第三方互联网公司合作创新外，保险公司自身也在运用互联网思维和技术进行服务改良和创新。财产险公司方面，人保财险利用大数据技术，绘制推送“客户出险地图”，在台风暴雨前提醒客户注意积水区域、地处低洼地区，降低客户出险率。太保财险推广基于移动互联网、3S（RS、GIS、GPS）、卫星遥感、无人机航拍等新技术的 e 农险服务体系。人身险公司方面，中国人寿、太保寿险等公司会同人社部、卫计委等部门和医疗机构，在衢州市等地试点“智慧医疗直付理赔”，通过与当地政府“智慧医疗云”平台的系统对接和保险客户数据的自动筛查，依托客户识别、报案、出院结算、赔付的系统自动化，在学平险、计生险、老年人意外险、健康扶贫等小额人身保险中真正实现了免报案、免临柜、免资料、免申请、免等待的“五免”理赔服务，从案件出险到结案的平均工作时效大幅缩短至5天内。

当然，互联网保险作为新生事物，在发展中难免会出现即有监管规则滞后不能覆盖的情况，因此，监管部门既要以包容开放支持发展，但也要以风险防范和规范管理为重点，引导互联网保险业务健康有序发展。

一是全面落实《互联网保险业务监管暂行办法》的各项监管要求，重点围绕互联网保险高发的信息披露不充分、风险提示不到位、片面强调或夸大收益率、弱化保险产品属性等损害消费者权益问题，加强监测和窗口指导。

二是将互联网保险引发的相关投诉纳入统一管理，从投诉中梳理发现互联网保险业务中存在的风险隐患，从而通过窗口指导督促公司和第三方平台加以整改。

三是全面做好互联网保险风险专项整治工作，根据国务院和浙江省的统一部署，全面核查、妥善处置网络互助、非法中介等网络平台风险，重点关注保险中介机构与第三方网络平台合作开展互联网保险业务等问题，对涉嫌非法经营互联网保险业务的风险线索进行了细致核查与分类处置，指导行业妥善应对互联网平台保证保险业务风险，引导和规范涉及保险业务的互联网金融创新活动，确保辖内互联网保险风险总体可控，无重大风险隐患。

山东省保险扶贫机制有实招见实效

党的十八大以来，全国范围内打响了脱贫攻坚战，力度之大、规模之广、影响之深远前所未有。保险业作为我国金融业的重要组成部分，在优化扶贫资源配置、放大资金使用效益、推进扶贫精准化等方面，具备特有的机制优势，在助力脱贫攻坚、防止和缓解因病因灾致贫返贫方面发挥了积极的作用。

山东省是中国东部沿海的一个重要省份，是全国经济第三大省、人口第二大省。截至 2015 年底，山东省共有省标以下贫困户 118.7 万户，贫困人口 237.27 万人，分布在 17 个市、125 个县（市、区）。经过两年的脱贫攻坚工作，到 2017 年底山东全省还有省标以下贫困人口 17.2 万人，贫困发生率从 10% 下降到 0.24%，剩余贫困人口仍然分布在 14 个市、117 个县（市、区），但更加向深度贫困地区集中。

与我国西部的一些省份连片贫困不同，山东没有贫困县，不存在区域性贫困。贫困人口“插花式”分布让山东省的扶贫政策必须有所调整，需要的不再是“大水漫灌”，而是“精准扶贫”。

近期，笔者就山东省保险业运用保险扶贫机制助力脱贫攻坚的工作情况进行了专题调研。

① 本文发表于 2018 年 10 月 8 日的中国保险报

近年来山东保险扶贫工作的探索与实践

金融扶贫，保险先行。山东保险业主动创新、努力探索具有山东本土特色的精准扶贫脱贫新模式，取得了积极成效。

（一）精准对接，综合保障，建立保险扶贫长效机制

山东保监局联合省扶贫办、财政厅，围绕“精准扶贫、精准脱贫”基本方略，坚持定向、精准、特惠、创新原则，以满足贫困地区日益增长的多元化保险需求为出发点，以脱贫攻坚重点人群和重点任务为核心，制定《山东省2017年度扶贫特惠保险实施方案》。省级财政安排2.79亿元专项扶贫资金，通过医疗补充商业险、意外伤害险和家庭财产险等扶贫特惠险种，为全省242万建档立卡贫困人口提供每人最高42万元的一揽子保险保障。

一是大病医疗商业补充保险，按照人均不低于100元的筹资标准，负责补偿贫困人口经基本医疗保险、城乡居民大病保险报销后的个人自负部分的医疗费用。

二是意外伤害保险，每人保费10元，参保人意外身故、意外伤残，保障金额分别不低于3万元，意外伤害医疗保障标准不低于5000元。

三是家庭财产保险，每户保费10元，参保家庭因火灾、爆炸、暴风雨雪、洪水、冰雹、泥石流等自然灾害造成的家庭财产损失，保险保障金额不低于5万元；附带因盗抢造成的财产损失赔偿额不低于5000元。此项目针对贫困人口实际需求实行省级统筹统保，筹资层面高、受益群众多，覆盖群体精准、保障范围广泛，在国内首开先河。

据统计，2017年各级财政累计投入保费3.94亿元（其中省级2.79亿元），承保贫困人口117万户，提供风险保障12046亿元。截至2018年7月，共支付赔款5.14亿元。2018年，各级财政累计投入保费4.75亿元（其中省级2.8亿元）。

（二）农险扶贫，扩面提标，有效增强农民抗风险能力

经过十年的发展，山东农业保险取得了显著成绩，保险赔款已经成为农民灾后恢复生产和灾区重建的重要资金来源。特别是2015年以来，山东保险业对财政补贴型农险产品进行了改革，大幅扩展了农业保险的保险责任，简化了理赔条件。目前，农业保险的保险责任已经覆盖了山东的主要自然灾害、意外事故、疾病和疫病。

为减轻建档立卡贫困农户保费负担，山东保监局积极协调省财政厅等相关部门出台了文件，明确提出在各级财政补贴80%农险保费基础上，由省级财政承担建档立卡贫困户自担保费的50%，部分县市财政承担50%，积极引导贫困户投保农业保险，减少农业灾害损失。

例如，太平洋财险山东分公司引入“保险＋期货”模式，为菏泽市巨野县逾1.6万名建档立卡贫困户种植的6万亩玉米提供玉米目标价格保险，保障金额5427万元。

在全力做好政策性农业保险的同时，支持保险机构围绕精准扶贫，因地制宜地开展特色商业性农险业务。如聊城日光温室、养驴保险，淄博沂源水果保险，临沂黄烟种植保险，菏泽牡丹保险，滨州冬枣、鸭梨保险，潍坊、日照茶叶保险等扶贫保险项目，为贫困地区特色产业发展和农民脱贫增收提供坚实保障，目前部分险种已初具规模。

（三）产业扶贫，保险增信，增强“造血”功能，支持创富增收

通过保单质押、小额贷款保证保险和保险资金直接投资，缓解贫困群众贷款难、贷款贵问题。在全省积极推进“政银保”模式的小额贷款保证保险试点，并进行财政补贴。2017年至今，共撬动了小额贷款9.82亿元。支持保险行业在支农融资方面也进行积极探索，如人保财险以“政融保”形式，在山东畜牧业开展融资试点，通过保险资管产品来放款等形式，重点支持适度规模的

大宗畜禽和特色品种养殖企业发展，带动贫困人口就业，实现脱贫。中华联合保险公司通过黑毛驴养殖保险，为活体抵押物申请贷款提供支持，有效缓解畜牧业融资难，为保险扶贫探索一条新路径。保险业还为养殖户提供蛋鸡养殖贷款保证保险业务，为养殖企业提供疫病、市场价格以及融资增信等全方位的保险保障服务，并为其恢复生产提供资金支持，充分发挥了保险的“稳定器”作用。

（四）大病扶贫，覆盖城乡，防范“因病致贫、因病返贫”

经过三年多的实践，山东省大病保险工作走在了全国前列，率先实现了城乡居民全覆盖，提高了贫困地区医疗服务能力。据测算，2016 年，大病患者实际报销水平在原基本医保基础上平均提高 13 个百分点，部分患者实际补偿比例达到 80%—90%，较大程度地缓解了“因病致贫”“因病返贫”问题。2016 年 5 月起，山东省对建档立卡贫困人口执行大病保险起付标准减半为 6000 元、医疗费用分段补偿比例在原大病保险基础上分别提高 5 个百分点、年度大病保险最高支付限额由 30 万元提高到 50 万元的特殊优惠政策。通过大病保险扶贫政策，建档立卡贫困人口在原报销政策基础上，平均再提高实际报销比例 4—7 个百分点，大病保险总体报销比达到近 20%，有力缓解了贫困人口医疗费用负担。

（五）补位扶贫，重点援助，多方合力服务困难群众

指导行业瞄准政府行政扶贫手段难以触及的缺口，自觉补位，积极发展各类保障适度、保费低廉、覆盖全面的民生险种，为贫困人群、特殊人群提供风险保障。如人保财险在汶上、寿光等先后与当地扶贫办合作，推出政府扶贫救助保险，精准救助对象 74628 人，保费共计 114.45 万，由政府扶贫资金全额承担。它是国内唯一一款针对精准扶贫特制的保险产品，也是责任险参与精准扶贫的重要尝试，将原本需要政府承担的对贫困人员的抚恤及补偿

责任转嫁给商业保险公司。

山东保险扶贫工作的主要成效

（一）实现了扶危济困的特有功能

山东的大多数保险扶贫项目，都是由财政出资，由政府统一为群众购买，自身不用掏一分钱，即可得到保险保障。通过保险金的给付，贫困群众得以快速恢复生产生活，防止因灾、因病而使生活“雪上加霜”。特别是山东首创的扶贫特惠保险，有效缓解因病致贫返贫，化解意外风险，防止“辛苦脱贫奔小康，一场灾病全泡汤”，深受基层欢迎。各地普遍反映扶贫特惠保险是一项惠民利民的好政策，在保障贫困群众正常生产生活方面，发挥了积极而重要的作用。

一是有效缓解因病返贫。如，临沂市平邑县一位 77 岁的吕姓贫困户，2016 年诊断为肺癌，一夜之间返贫。从确诊后，先后在乡镇卫生院住院 6 次，医疗总费用 22270.93 元。经基本医疗保险、城乡居民大病保险、医疗机构减免后，医疗商业补充保险对政策内费用又报销了 90%，政策外费用报销了 85%，个人自负部分的医疗费用仅为 122.8 元，占医疗总费用的 5‰。目前，2017 年度医疗商业补充保险共赔付 4.66 亿元，惠及 35.98 万人；2018 年度赔付 8138 万元，惠及 6.01 万人。

二是有效化解意外风险。如，2017 年 2 月，曹县贫困户姚某发生交通事故，经抢救无效死亡。保险公司启动快速理赔程序，第一时间将 32321 元的赔偿金打入受益人账户。目前 2017 年度意外伤害保险赔付 0.44 亿元，惠及 1.39 万人；2018 年度赔付 500.3 万元，惠及 1533 人。

三是有效保障生产生活。如，2017 年 8 月 20 日，枣庄市台儿庄区贫困户刘某，因暴雨家中进水，储存的小麦被淹，保险公司根据粮食数量和市场价格，赔付1000元。目前，2017年度家庭财产保险赔付356万元，惠及1103户；2018年度赔付199.9万元，惠及474户。

（二）放大了财政资金的使用效果

财政投入有限的资金，借助保险工具，放大资金的效果，为脱贫攻坚提供持续动力。“扶贫特惠保险”和“政银保”等模式均实现了以小资金撬动大保障的“四两拨千斤”效应。2017年“扶贫特惠保险”扶贫资金投入3.94亿元，保险业承担风险保障12046亿元，资金放大效果逾3000倍；“政银保”模式财政补贴140.96万元，撬动了小额贷款9.82亿元，资金放大效果近700倍。

（三）提升了保险行业的社会关注度

人保财险济南中药材扶贫保险、中华联合黑驴养殖保险、中国人寿德州特困群体意外伤害附加重大疾病保险、太平洋人寿“公益齐鲁、为爱同行”助学、中英人寿“星星点灯”关爱留守儿童等多个扶贫项目，荣登中国保险行业协会“保险扶贫先锋榜”。

另外，山东省保险机构充分利用广播、电视、机构、网点、互联网、移动多媒体等多种形式持续不断地加大保险扶贫的宣传力度，新华网、《中国保险报》《大众日报》、山东电视台等诸多新闻媒体对保险扶贫的典型案例及相关经验进行了广泛报道，得到社会各界的关注。社会民众对保险扶贫的知晓率和认可度大大提高，为保险助推脱贫攻坚营造良好氛围。

下一步工作的相关建议

（一）进一步提高对保险扶贫工作的支持力度

保险扶贫离不开地方政府和扶贫部门的支持，建议地方政府和扶贫部门加强与保险业在贫困人口数据共享、保险需求调研等方面的合作，为保险业开发针对性的保险产品等提供数据帮助和政策支持。通过财政扶贫资金在降低扶贫险种费率和风险兜底方面适度倾斜、约定风险上限等机制，进一步降低贫困人口承保难度和风险，增强保险扶贫工作的可持续性，充分发挥保险在增信融资方面的杠杆作用，放大保险扶贫资金效用，推动保险扶贫工作进一步开展。

（二）提升地方政府运用保险扶贫的手段和能力

建议地方政府积极运用保险手段开展扶贫工作，充分发挥保险在分散农业经营风险、促进农民增产增收、提高贫困人员医疗保障水平、助推扶贫产业发展等方面的积极作用。组织保险业走进扶贫地区，为相关政府部门和人员提供保险知识培训，提升运用保险扶贫的意识和能力。

（三）完善多层次保险服务组织体系

强化主体责任，将资源向贫困地区和贫困人群倾斜。加大贫困地区保险分支机构网点建设，持续推进乡、村两级保险服务网点布局，努力实现网点乡镇全覆盖和服务行政村全覆盖。根据贫困地区实际情况，科学设定绩效考核指标，对贫困地区保险分支机构和扶贫保险业务实行差异化考核，引导贫困地区基层机构积极发展扶贫保险业务。

（四）丰富贫困地区保险产品体系

推进《扶贫特惠保险实施方案》深入实施。落实好政策性农业保险针对建档立卡贫困人口的各项优惠政策，支持保险机构针对贫困地区需求开发费率较低、保障充分的一揽子保险产品或组合式保险产品。鼓励保险机构立足贫困地区资源优势和产业特色，因地制宜开展特色优势农产品保险，面向能带动贫困人口发展生产的新型农业经营主体，开发多档次、高保障农业保险产品和组合型农业保险产品，探索开展覆盖农业产业链的保险业务，协助新型农业经营主体获得信贷支持。尽快建立政府参与的农业保险大灾风险分散机制。提高大病保险服务水平。开展针对贫困人口的商业健康保险。

（五）加大保险资金支持力度

进一步推动小额贷款保证保险发展，提升贫困地区自身“造血”功能。鼓励保险机构逐步扩大保单质押贷款业务、“两权”抵押贷款保险业务规模，增强贫困人口获取信贷资金发展生产的能力。支持保险机构发挥保险资金长期投资的独特优势，按照风险可控、商业可持续原则，以债权、股权、资产支持计划等多种形式，积极参与贫困地区产业扶贫项目建设。

福建、浙江健康保险精准扶贫调研报告

为深入了解保险业健康保险精准扶贫的现状及存在的问题，2018年9月2日至5日，全国政协委员、国务院参事室金融研究中心研究员、原中国保监会副主席周延礼带领由国务院参事室金融研究中心课题“健康保险精准扶贫典型案例与绩效评估研究”、国家社会科学基金重大项目“基于保险精算的精准扶贫研究”研究人员组成的联合调研组，先后赴福建福州、浙江衢州进行实地调研。

调研发现，在实施精准扶贫过程中，一些地方在健康保险扶贫模式创新上形成了一些好的做法：一是强化领导、完善机制，把健康保险作为精准脱贫的重要抓手；二是政府主导、市场运作，充分发挥政保合作两方面优势；三是分类保障、精准施策，根据致贫原因有针对性地为贫困人口提供保险保障；四是整合资源、协同推进，形成社会合力筹措保险经费来源。

通过调研，我们感到，近年来保险业在相关地区的脱贫攻坚中发挥了重要作用，尤其是通过健康保险精准扶贫已经取得明显成效，如福建福州、浙江衢州等地省级标准认定的建档立卡贫困人口已经全部实现脱贫。但与此同时，这一工作目前仍存在一些短板和不足：一是过度依赖财政，市场化工具

① 本文完成于2018年11月

和手段运用不足；二是政策受惠对象存在偏差，保障范围和力度有限；三是政策稳定性不强，与长期稳定社会保障制度有机衔接不够。

调研进一步发现，保险机制在精准扶贫中具有其他一些难以替代的重要作用，能够有效弥补扶贫工作存在的短板：一是能够利用网点优势，做好政策的“宣传员”，有利于精准扶贫政策的落实；二是能够利用精算优势，做好资金的“监督员”，避免单纯扶贫资金投入可能导致的救济依赖、扶贫资源浪费、权力寻租等问题；三是能够利用保障优势，做好群众的“服务员”，打通保障到户的“最后一公里”；四是能够利用服务优势，做好风险的“管理员”，有效提升贫困人口抵御风险的能力。

针对如何进一步推进健康保险精准扶贫，提出以下政策建议。

第一，加强制度建设，夯实保险扶贫工作基础。一是加强保险扶贫的顶层设计，在国家层面制定出台运用保险机制助推扶贫工作的若干意见及实施细则；二是加大对保险扶贫的政策支持，出台国家保险扶贫业务的相关税收减免政策，鼓励地方政府对服务扶贫成效显著的保险机构予以适当奖励；三是出台推动保险扶贫工作的激励机制，作为对政府领导班子或相关部门负责人绩效考核的重要内容。

第二，加强政保合作，提升保险扶贫精准程度。一是改变政府“单方供应、自我评估”的传统做法，逐步开展并规范政府购买保险扶贫服务；二是筑牢保险扶贫业务风险底线，划出部分扶贫资金作为保险费补贴，探索建立财政拨款与赔付率对接机制和超赔风险兜底机制；三是试点开办精准扶贫保险服务站，允许贫困乡镇当地供销合作社、农技站、畜牧站、村委会等机构代办保险服务。

第三，加强政策衔接，扩大保险扶贫受惠范围。一是建立社会保障与商业保险间的扶贫对接机制，解决政府在社会保障兜底扶贫体系构建中的“缺位”和“越位”问题；二是适当拓展精准扶贫对象范围，构建建档立卡贫困户与“边缘人口”同步脱贫致富新格局；三是在较长时期内保持政策的稳定性，防止政策过早撤销后出现政策性返贫。

第四，加强产品创新，提升健康保险扶贫效能。一是完善商业医疗补充保险、叠加保险和住院津贴保险，由商业保险采取双上限控制的方法对贫困人口予以二次补助；二是创新推出组合型扶贫保险产品包，围绕特定区域、特色产业、特定人群、特定风险设计一揽子风险解决方案；三是强化项目管理，做到社会效益与经济效益的统一、业务发展与风险控制的平衡。

为深入了解保险业健康保险精准扶贫的现状及存在的问题，2018 年 9 月 2 日至 5 日，全国政协委员、国务院参事室金融研究中心研究员、原中国保监会副主席周延礼带领由国务院参事室金融研究中心课题“健康保险精准扶贫典型案例与绩效评估研究”、对外经济贸易大学黄薇教授主持的国家社会科学基金重大项目“基于保险精算的精准扶贫研究”（17ZDA090）研究人员组成的联合调研组，先后赴福建福州、浙江衢州进行实地调研，与当地的扶贫办、医保局、卫计委、保监局等部门及人保财险、中国人寿等保险公司分支机构的负责人进行座谈，总结开展保险精准扶贫的模式和经验，剖析保险扶贫工作中存在的短板及政策制度上存在的不足，探索利用保险机制破解脱贫攻坚难题的路径、方法和政策举措。现将有关情况综合报告如下。

一、健康保险精准扶贫的主要做法、成效及不足

（一）健康保险精准扶贫的主要做法

调研发现，在实施精准扶贫过程中，地方党委、政府逐渐认识到保险的经济补偿和社会管理功能，开始尝试借助保险机制或工具进行扶贫方式探索，通过选点推广、改革创新、完善提高，为建档立卡贫困人口构筑起一体化、多层次、方便快捷的健康保障体系，也对创新健康保险扶贫模式提供了一定经验。

1. 强化领导、完善机制

地方党委、政府一把手亲力亲为抓工作部署，抓巩固提升，主动对照工作要求，层层压实责任，通过构建健全有效的工作机制体系，大力倡导和推进“金融扶贫、保险先行”，把健康保险作为精准脱贫的重要抓手，使之制度化、规范化、标准化，做到有章可循，确保工作落到实处。例如，福州市扶贫开发领导小组等单位联合下发《福州市健康扶贫商业补充保险方案》（榕医保文〔2017〕44 号）等扶贫政策文件，注重发挥健康保险在精准扶贫中的作用，形成了较为完善的市级扶贫政策体系；衢州市 2017 年 4 月专门出台了《关于进一步加强扶贫健康保险工作的意见》（衢政办发〔2017〕18 号），对全市扶贫健康保险的投保对象、保险期限、保费标准、保险责任进行规范的统一和明确，借助保险政策工具积极制定和实施低收入农户全面小康计划（2018—2022 年），以更强的力度、更实的举措，开展产品创新、强化服务保障、进行精准扶持，完善扶贫方式。

2. 政府主导、市场运作

地方党委、政府在自愿的基础上充分发挥政保合作两方面优势，政府负责政策制定、组织协调、筹资管理、监管指导，商业保险机构利用其专业优势，发挥市场机制作用，提高扶贫资金的运行效率、服务水平和质量。例如，福州市率先推出扶贫保、脱贫保两款扶贫保险产品，由市财政全额出资，通过政府招投标程序，由人保财险承办，为全市 12746 名建档立卡贫困户提供合计约 30.5 亿元的保险保障；衢州市由地方财政全额承担扶贫健康保险保费，逐年提高人均保费补贴标准，2017 年和 2018 年财政支付保费分别为 1257 万元和 1935 万元，确保低收入农户参保零出资，为贫困人群实现了“兜底”。2017 年度保单目前已赔付 848.9 万元，赔付率达 76.48%，预计保险公司总赔付金额 1000 万元以上，占财政投入保费 1257 万元的 80% 以上，财政资金的扶贫效用得到更好发挥。

3. 分类保障、精准施策

地方党委、政府根据实际需要，有针对性地为低收入农户提供保险保障，以防止因病因灾及意外伤害致贫返贫，提升其抵御风险的能力。例如，福建省 2017 年 6 月底制定出台《福建省精准扶贫医疗叠加保险方案》（闽政办〔2017〕64 号），针对全省建档立卡 67.86 万贫困人口在基本医疗保险、大病保险和医疗救助的基础上，增加“两道”医疗叠加保险补助政策和一个家庭医生签约服务保障政策，实际报销比例可达 95.3%。截至 2018 年 6 月底，享受医疗叠加保险补助 7 万多人次，补助金额达到 3769 万元，仅人保财险就已累计提供扶贫保险保障近 218 亿元，赔款约 1115.35 万元，有效减轻了建档立卡贫困群众医疗费用负担；福建龙岩上杭县 2016 年通过商业医疗保险和住院津贴保险相结合，帮助全县因病返贫 1096 户 3337 人在当年实现脱贫，2017 年继续为建档立卡贫困人员 7036 户共 19440 人提供风险保障 40.6 亿元，支付健康扶贫保险理赔款 724.33 万元，受益贫困人员 3170 人次，切实解决了贫困人员因意外事故、疾病住院造成生产生活困难问题；浙江省衢州市 2017 年 12 月印发《关于做好 2018 年度扶贫健康保险的通知》（衢市扶贫办〔2017〕14 号），将参保对象患常见重大疾病、住院医保报销范围外费用、意外身故、意外残疾等纳入扶贫健康保险责任范围。

4. 整合资源、协同推进

地方党委、政府注重整合各部门有关低收入农户的信息资料，针对致贫原因并结合自身实际进行动态管理，精准扶持，同时优化各级各类专项扶贫资金，形成社会合力筹措保险经费来源。例如，福建省精准扶贫医疗叠加保险方案由福建省医保办牵头组织，各设区市的医保局、医保经办机构、卫计部门、扶贫部门、民政部门、审计部门、财政部门合理分工，负责具体实施。精准扶贫医疗叠加保险资金由省级负责统一筹集、管理和使用，省级、设区市（含厦门）、县级（含厦门）分别按 50%、25%、25% 的比例分级承担。省级资金包括财政资金、福彩公益金、社会捐赠资金等。设区市和县级主要参考财力等因素筹集，市县资金每年由省级财政先行代垫，年终通过上下级结算的方式上解省级财政。浙江省衢州市则强化扶贫办、社保局、保险公司三方合作，开通住院“理赔直付系统”，保险对象只要住院，就能精准识别、精准赔付，同时各县（市、区）扶贫办、保险公司主动对接民政、公安、残联等部门，主动发现保险对象身故、残疾等理赔事故，保险公司建立理赔专员队伍，开展“五免理赔”（免申请、免填单、免资料、免临柜、免调查）主动上门服务，彻底解决保险对象政策不知晓、信息不对称、服务不到位等问题，实现扶贫健康保险理赔“一次不跑、一个不漏”。

（二）健康保险精准扶贫取得的成效

党的十八大以来，以习近平同志为核心的党中央把脱贫攻坚摆到治国理政突出位置，实施精准扶贫、精准脱贫，打响了一场脱贫攻坚战，迎来了历史性的跨越和巨变。从 2013 年到 2017 年 5 年间，农村贫困人口累计脱贫 6853 万人，年均减少 1000 余万人，贫困发生率从 2012 年底的 10.2% 下降到 2017 年底的 3.1%。

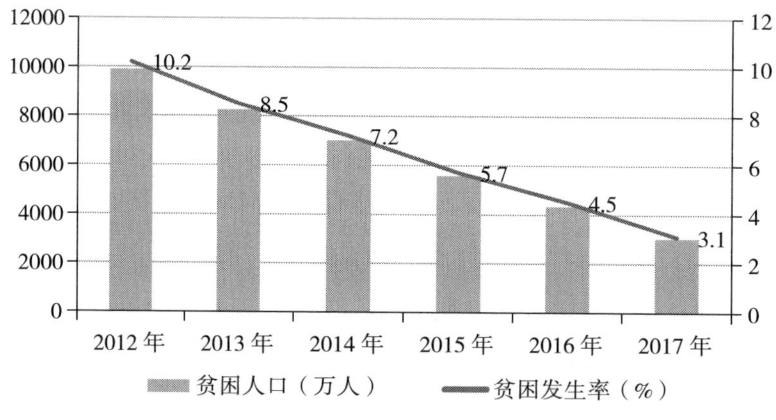

图 1　十八大以来脱贫攻坚成绩显著（2012-2017 年）

这一成就在课题组所调研地区也得到了充分体现。在福建省福州市，2016 年由国家标准认定的 615 户、1835 人贫困人口全部实现脱贫，2017 年由省级标准认定的 835 户、2628 人贫困人口全部实现脱贫，200 个建档立卡贫困村全部退出。

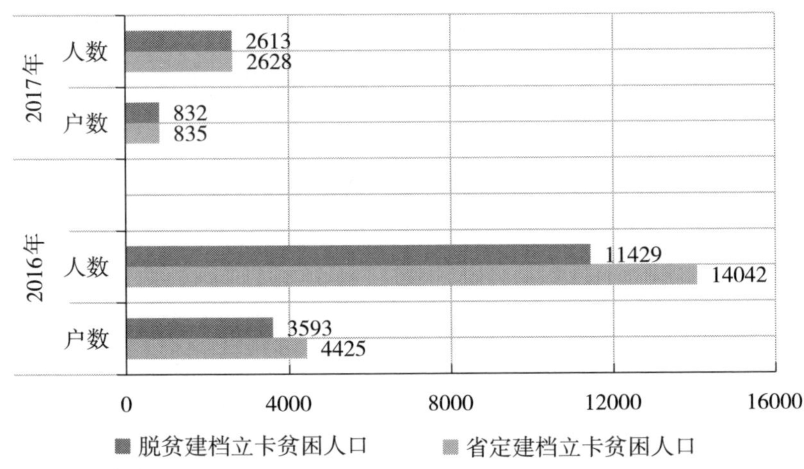

图 2　福州市建档立卡贫困人口脱贫任务基本完成（2016-2017 年）

在浙江省衢州市，2012 年以省级贫困标准（人均纯收入低于 5500 元）认定的低收入农户 18 万户、51.6 万人至 2015 年全部实现脱贫，2017 年新认定（以当年农村最低生活保障标准 5508 元的 1.5 倍，即 8262 元为新扶贫标准）的低收入农户 8.1 万户、13.62 万人的人均可支配收入占农民人均可支配收入的比例提高到 57.5%，圆满完成低收入农户全面小康计划的各项任务目标。

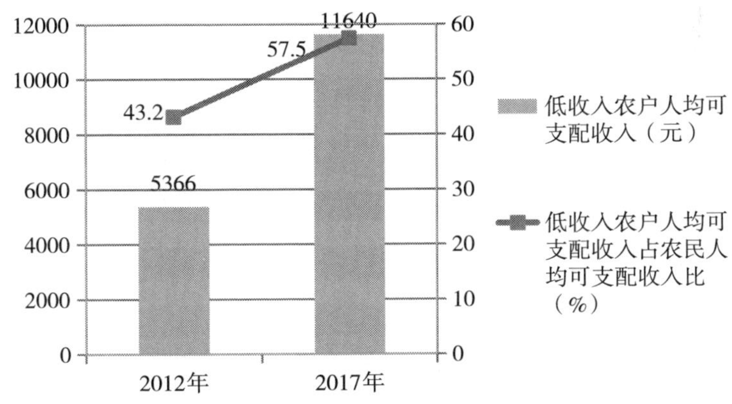

图 3　衢州市低收入农户人均可支配收入增速明显（2012-2017 年）

我们在调研中发现，近年来保险业在相关地区的脱贫攻坚中发挥了重要作用，尤其是健康保险精准扶贫，注重制度设计，多方合力推进，取得了实实在在的成效。例如，2018 年上半年，福建省健康保险（含大病保险）为全省贫困人口提供风险保障 1265.5 亿元，为全省 4559 人次贫困人口报销各类医疗费用 1457.21 万元。中国人寿等 7 家保险公司与政府部门、社会团体合作开展了 46 个健康、意外保险扶贫项目，覆盖 59 个县（市、区），向 21 个省级扶贫开发工作重点县 12 余万名建档立卡贫困人口开展了为期 3 年的意外险捐赠，每年提供风险保障近 60 亿元，截至 2018 年 8 月末累计支付 283 人次贫困人员意外险赔款 201.54 万元。

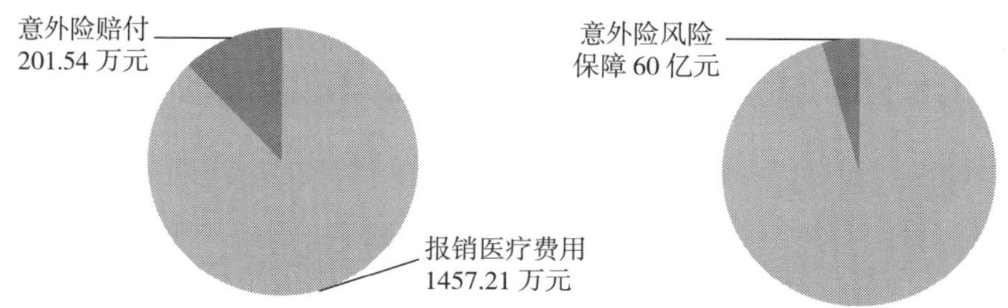

图 4　福建省健康保险和意外险为贫困人口提供风险保障

2016 年到 2018 年，浙江衢州市扶贫健康保险累计为 25.8 万人次的低收入农户投保，财政投入保费 3192 万元，截至 2018 年 9 月初累计赔付 1154.9 万元，受益低收入农户 7456 人。应当说，在所调研的地区，保险机制在扶贫政策创新和工具运用上都扮演了重要角色，发挥了重要作用，推动了脱贫攻坚事业的顺利开展。

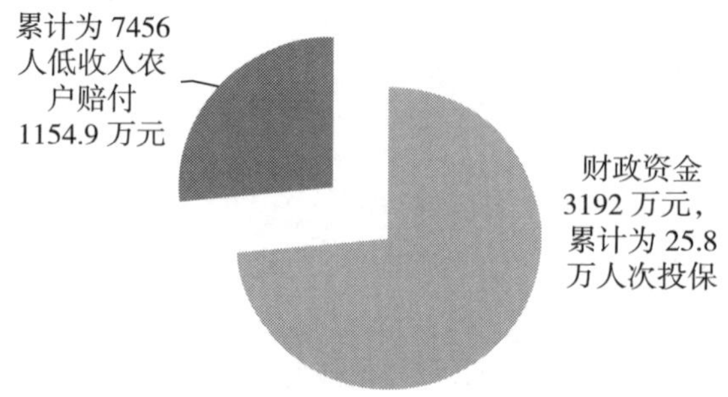

图 5　衢州市扶贫健康保险为贫困人口提供风险保障

（三）健康保险精准扶贫存在的不足

尽管健康保险精准扶贫已经取得明显成效，但调研也发现，这一工作目前仍然存在一些短板和不足。

1. 过度依赖财政，市场化工具和手段运用不足

现行扶贫模式更多的是一种自上而下、政府主导下的动员过程。贫困人口分布越来越分散、扶持意愿多样、要素市场发展滞后等原因，无疑对政府所提供的扶持服务的品种与数量的要求会越来越多。然而，财政扶贫存在资源到户难度越来越大的“政府失灵”现象，使得政府直接扶贫成本居高不下的问题逐渐显露，扶贫效率呈不断下降趋势。与此同时，也有一些地方政府和贫困人口风险意识不强，缺乏对保险机制的深入了解，未能将保险作为脱贫攻坚的有效工具。此外，除国有控股保险公司将扶贫当作政治任务外，能够积极响应地方脱贫需求的保险机构也不多，扶贫专属保险产品不够丰富，仍惯于沿用以往“低成本、广覆盖、低保障”的开发思路，多数保险产品只能发挥兜底保障功能，产品创新动能不足限制了“一县一品”政策的有效落地。而且，绝大多数保险扶贫产品对贫困人口免除自缴保费，只能依赖和受限于财政补贴规模和范围，特别是部分高风险险种，贫困地区地方财政配套压力较大，缺乏政策支持建立健全风险兜底机制，难以发挥应有作用。

2. 政策受惠对象存在偏差，保障范围和力度有限

现行扶贫政策对于保险机制在脱贫攻坚工作中的作用并未得到充分重视，仅将其简单等同于特惠性的社会救助以及兜底式的保障机制加以利用，致使政策对象不精准以及保障范围和力度有限，保险机制的扶贫效果大打折扣。一方面，为如期完成精准脱贫任务，建档立卡贫困人口成为保险扶贫的主要受惠对象。对于那些家庭收入刚刚越过贫困线的家庭来说，面对各种各样的现实问题，由于享受不到帮扶政策和专项救助，生活窘困程度实际上远高于部分建档立卡贫困户，且随时可能再度跌落到贫困线以下。对“贫困边缘户”

关注力度不够，游离于各类专项补助之外，实际生活水平与贫困户成“悬崖效应”，有些存在长期困难而诉求一直得不到解决的群体“红眼病”难消，对国家的政策不服气、不认可，恐成基层隐性不稳定因素，脱贫成效难以巩固。另一方面，部分地区保险扶贫对贫困人口存在过度保护现象，导致贫困线上下享受帮扶政策差距大，有些不了解“退出后仍可得到后续扶持政策支持”的贫困户，对依靠自身能力稳定脱贫的信心不足，甚至有的抱着“占便宜”思想，不想丢掉既有的“实惠”，生怕“摘帽”，不愿退出，不仅影响扶贫资源的精准使用，还会引发其他矛盾。

3. 政策稳定性不强，与长期稳定社会保障制度有机衔接不够

各地现行保险扶贫政策多采取属地归口管理，各地政府根据自身条件和财力制定本地政策，无法形成全省乃至全国统一的商业保险扶贫标准，不利于致贫风险的分散和保险助推脱贫攻坚这一模式的发展。而且，受政策支撑体系不完善、执行性不强以及财政资金不足、财政杠杆作用发挥有限等因素影响，相关扶贫保险产品普遍采用一年一签、逐年核算的方式进行，临时性、救济性特征明显，缺乏统一的承保公司招投标机制等顶层设计，未能在政府与市场的边界等执行细节上作出明确规定，导致部分政策长期不能落地，许多地方政府运用保险机制的精准扶贫工作无法深入推进。虽然承诺对脱贫人员实行几年内“脱贫不脱政策”的措施，但相关政策的定位终究不可能“兜底”终生。而“脱政策”也将是一个循序渐进的过程，需要精心设计，稳步实施。这些问题，既是百姓关切，也涉及政策平衡和财力投入，都需要及早着手研究谋划，作出顶层设计，以期做到现行政策与长期稳定制度的有机衔接。

二、对保险机制在精准扶贫中作用的再认识

保险保障是脱贫攻坚的重要支撑，能够放大财政扶贫资金效用，提高贫困人口抗风险能力，改善贫困地区金融生态，缓解贫困地区资金短缺，在实施精

准扶贫、精准脱贫方面具有重要作用。区别于财政直接扶贫，保险扶贫是一种间接扶贫，在体制、路径、资源分配和机制上都存在区别，有着商业可持续性、精准滴灌、精准投放和注重造血等特点。然而，我们在调研中进一步发现，保险机制在精准扶贫中的作用不止于此，还具有其他一些难以替代的重要作用。

（一）能够利用网点优势，做好政策的“宣传员”

中国人保、中国人寿等大型保险机构拥有遍及全国城乡的分支机构和服务网点，乡镇级服务网络覆盖超过98%，已经构建了线上线下互动、城网农网结合的立体化销售服务网络。这些保险机构可以借助网络优势，组织驻村干部、驻村农村工作指导员、村两委干部、理赔专员进村入户，全面加强对脱贫攻坚工作和政策的宣传，能够有效将惠民政策传递到最基层，尤其是通过将保险宣传单逐一张贴到村、保险告知书逐一发放到户、对文化程度不高或残疾智障对象上门宣讲政策，可以有效提升贫困人口的政策知晓度和保险意识，有助于精准扶贫惠民政策的落实。

（二）能够利用精算优势，做好资金的“监督员”

保险机构完善的风险数据库和精算技术，不仅可以为贫困对象识别、致贫原因分析、贫困风险测度和政府扶贫财政责任计算等提供数据和技术支持，而且依据风险事故为触发点来进行经济补偿，实现在受灾人群和非受灾人群之间的被动式分配，注重补偿损失而非单纯救济，避免了单纯扶贫资金简单投入可能导致的救济依赖、浪费扶贫资源等弊端及滋生权力寻租等问题，实现了扶贫资源管控事前、事中、事后全过程监控，做到扶贫资金到村到户到人，对贫困人口“愿保尽保”，使贫困人口生产生活得到现代保险的全方位保障。

（三）能够利用保障优势，做好群众的“服务员”

保险机构承担政府项目为贫困人口进行统一投保后，若被保险人发生保险责任范围内的事故，保险机构凭借专业高效的赔付体系，可以迅速启动查勘理赔工作，损失核实无误后在极短时间内即可赔付到位，及时弥补损失。在此基础上，通过推动保障重心下沉，加大对贫困地区分支机构、乡村两级网点、队伍和软硬件建设，保险机构可以实行“一站式”服务，构建覆盖贫困地区和贫困人员的服务网络，方便贫困户理赔，打通保险服务农村、农民、农业的“最后一公里”，真正实现“服务点对点、理赔面对面”。

（四）能够利用服务优势，做好风险的“管理员”

保险机构能够针对差异化致贫原因分类开发、量身定制保险产品与服务，满足贫困地区日益增长的多元化保险需求，也可以以脱贫攻坚重点人群和重点任务为核心，根据具体贫困表现提供相应的保障，根据贫困程度设定不同的保障水平。要发展现代农业和特色农业，就提供相应的特色农产品保险、价格指数保险、收入保险等；要避免因病返贫，就提供大病保险、健康保险等；要避免因灾返贫，就提供意外保险、农房保险；要支持贫困人群养老，就提供养老保险、养老机构保险等；要解决借贷难问题，就提供贷款保证险、借款人意外险等，从而有效提升贫困人口抵御风险和提高自身发展的能力。

三、推进健康保险精准扶贫的政策建议

保险业是“扶危济困、雪中送炭”的行业，以风险保障为“立业之本”，与扶贫开发有着天然的内在联系，在脱贫攻坚事业中能够发挥独特的功能作用。但在部分地区，尤其是贫困地区，积极运用保险机制助力精准扶贫的政策举措和实施效果仍与预期存在较大差距。为进一步推进健康保险精准扶贫工作，提出如下政策建议。

（一）加强制度建设，夯实保险扶贫工作基础

一是加强保险扶贫的顶层设计。建议在国家层面制定出台运用保险机制助推扶贫工作的若干意见及实施细则。按照“定向、精准、特惠和创新”等原则将保险机制纳入扶贫工作及政策体系，明确保险机制在精准扶贫中的战略定位，形成农业保险、健康保险、民生保险、产业脱贫保险、教育脱贫保险“五位一体”的保险精准扶贫体系，在政策指导、资金安排、工作协调、数据共享等方面为支持保险机构开展扶贫工作提供政策依据和工作指引，引导地方政府在脱贫攻坚中加大商业保险工具运用力度。

二是加大对保险扶贫的政策支持。监管部门应将保险机构开展扶贫工作的成效作为市场准入、高管资格和差异化监管的重要依据，并鼓励地方政府对开展扶贫工作成效显著的保险机构予以适当奖励。对公益性较强的扶贫保险产品和服务实行税收减免政策，并将保险机构纳入涉农贷款贴息贴费政策范畴，促使保险机构降低保险扶贫产品费率，让投保贫困户得到更多实惠。

三是出台推动保险扶贫工作的激励机制。保险扶贫工作的推动和落实主要在地方。建议将保险扶贫支持政策的制定及落实情况、贫困户的保险覆盖比例等保险扶贫指标纳入地方政府扶贫工作考核体系，作为对政府领导班子或相关部门负责人绩效考核的重要内容，以此强化地方政府对运用保险机制服务扶贫开发工作的重视。

（二）加强政保合作，提升保险扶贫精准程度

一是改变政府“单方供应、自我评估”的传统做法。加快设计或构建政府购买保险扶贫服务的实施框架、管理流程、运行机制和执行体系。在此基础上，鼓励各地政府采取委托经办、直接采购等多种方式，将政保合作列入年度政府采购事项，逐步开展并规范政府购买保险扶贫服务，推动扶贫开发指导方针由“政府主导”向“政府引导”过渡。

二是筑牢保险扶贫业务的风险底线。鼓励各地适当放开渠道、门槛、配套等约束限制，划出部分扶贫资金作为保险费补贴，探索建立财政拨款与赔付率对接机制，根据保险扶贫业务赔付率和不同业务的风险高低，科学拟定年度财政资金拨付额度，推动相关扶贫险种的发展。与此同时，建立超赔风险兜底机制。一方面，扩大现有扶贫风险分担资金使用范围，将保险业务超赔损失风险纳入其中；另一方面，通过财政注资建设、从承保利润中计提风险准备金、构建保险扶贫业务超赔风险基金，对巨灾保险、三农保险、贷款保证保险等经营风险较大的险种划清再保险的风险分担比例，为保险扶贫业务筑牢风险底线。

三是试点开办精准扶贫保险服务站。鼓励保险机构强化贫困地区的分支机构、乡村网点、队伍和软硬件建设，对未设网点的乡镇、行政村，允许保险机构委托当地供销合作社、农技站、畜牧站、村委会等机构代办保险服务，实现所有贫困乡镇保险服务全覆盖，以此为依托做好转报案工作，实现保险理赔等服务的便捷化，同时承担宣传推广、信息采集等职能，为优化保险扶贫提供第一手信息和资料。

（三）加强政策衔接，扩大保险扶贫受惠范围

一是建立社会保障与商业保险间的扶贫对接机制。准确界定社会保障与商业保险的边界，建立两者有效衔接、职能清晰、功能齐全、技术共享的扶贫对接机制，解决政府在社会保障兜底扶贫体系构建中的“缺位”和“越位”问题。

二是适当拓展精准扶贫对象范围。将“精准识别”拓展到集中连片整体深度贫困地区的“边缘人口”，在扶持建档立卡贫困人口的基础上，给予“边缘人口”安全住房、劳务培训等政策倾斜，构建建档立卡贫困户与“边缘人口”同步脱贫致富新格局，确保集中连片整体深度贫困地区整体脱贫、稳定脱贫，既破解扶贫政策的“悬崖效应”，又防止出现扶贫过度保护。

三是在较长时期内保持政策的稳定性。要保持扶贫协作、定向扶贫等现有政策的稳定，对已经完成脱贫攻坚任务的地方，在较长时期内确保优惠政策不变、扶持力度不减，防止政策过早撤销后出现政策性返贫。

（四）加强产品创新，提升健康保险扶贫效能

一是完善商业医疗补充保险、叠加保险和住院津贴保险。精准扶贫对象产生的医疗费用在扣除基本医保、大病保险、医疗救助补偿后，由商业医疗补充保险采取双上限控制的方法对医保目录内医疗费用予以适当补助，依据向基层医疗机构倾斜的原则，按省、市、县、乡四级定点医疗机构的级别设置 7%—15% 的差异化叠加报销比例和相应上限；在医保目录外费用占总费用 8%—15% 以内的按 50% 比例赔付；意外事故医疗费用 100% 赔付（设置年度封顶线），实现二次精准补偿。同时，对保障对象中患特殊病种（范围由卫计委等部门根据当地发病情况确定）的患者进行集中救治，集中救治患者的医疗费用，经基本医疗保险、大病保险、医疗救助和商业医疗补充保险补偿后，医疗费用个人负担部分，再由商业医疗叠加保险予以补助 90%。此外，贫困户还可享受住院津贴保险，在保险期间入住医疗机构进行治疗，按照定点医疗机构的级别设置 30—50 元 / 天的标准进行给付，在一定程度上为大病风险保障补短板。

二是创新推出组合型扶贫保险产品包。一方面，在侧重健康风险保障的基础上，针对建档立卡贫困人口最迫切的脱贫需求点，开发“四合一”组合的扶贫专属产品，具体包括：意外伤害保险，解决低保人口因残致贫和贫上加贫问题；重大疾病保险，解决低保人口因病返贫问题；意外伤害住院津贴，解决低保人口在意外住院医疗期间护理、生活开支等问题；设计成特别约定条款形式的创业贷款保险，鼓励扶贫对象和低保困难户贷款创业创新，自立脱贫，同时确保政府或金融机构贷款资金安全。另一方面，在普惠金融政策的基础上，针对贫困家庭自主经营户、小微企业等不同主体设计一揽子风险解决方案，探索“仓单质押担保＋险资直投”“保险＋订单产业”“政银保”等模式创新，围绕特定区域、特色产业、特定人群、特定风险，开发特色保险产品。此外，建立工作联动长效机制，将保险服务链向上下游延伸，覆盖到贫困地区生产生活的方方面面，通过将健康扶贫政策梳理汇编成册，依托微信公众号等平台，大力宣传健康扶贫政策，提高基层工作人员和困难群众对医保精准扶贫政策的知晓率、使用率和满意率，营造良好的社会氛围。

三是强化项目管理，做到社会效益与经济效益的统一、业务发展与风险控制的平衡。在保费核定上，鼓励保险机构适当下放，因地制宜推出价格低廉的产品组合与多层次的保险服务，健康扶贫商业补充保险人均保费标准实行一年一核定进行调整。当年度健康扶贫商业补充保险的人均保费标准根据各地区历史数据开展测算，兼顾地区差异和医药费用的自然增长因素，统一按照上一年度人均实际赔付支出费用的一定比例确定，力争做到各地区、公司与财政之间权责分配公平合理。在盈亏管理上，遵循“保本微利、风险共担”原则，设计合理的盈亏调解办法，探索建立扶贫保险的独立核算机制，若当年度保费收入大于赔付支出的，承保单位可由结余部分提取分成，但提取分成额度不得超过当年保费收入的5%，若当年度保费收入小于赔付支出的，由承保单位分担超支费用，但分担额度不超过当年保费收入的5%。此外，探索将政府车险等财产险优质保险业务与扶贫保险业务进行整体打包，通过优质险种收益弥补保险扶贫服务的亏损，实现“以险养险”，从而保证保险扶贫项目经营的惠民性和可持续性。

打赢脱贫攻坚战是全面建成小康社会的重大任务。然而，正如老百姓所说，“辛辛苦苦奔小康，得场大病全泡汤”。这句话真实反映了健康扶贫在脱贫攻坚工作中的分量。面对艰巨的扶贫任务，必须把健康扶贫摆在突出位置，高度重视保险机制在解决因病致贫返贫问题上的积极作用，多措并举，打好健康扶贫组合拳，不让一个贫困家庭在脱贫的道路上因病掉队，为全力助推精准扶贫做出应有的贡献。

安徽银保金融机构服务民营企业成效卓著

2018 年以来，安徽银保监局全面贯彻落实银保监会、省委、省政府相关工作部署，扎实推动辖内银保金融机构服务民营小微企业发展，成果显著。

一、基本情况

（一）民营小微企业贷款持续稳步增长

截至 2018 年末，安徽省银行业为民营小微企业发放贷款余额 1.33 万亿元，较年初增加 1506.74 亿元，增长 12.79%，增速高于各项贷款平均增速 0.56 个百分点。服务的民营小微企业贷款户数 105.19 万户，同比增加 15.13 万户。申贷获得率达 96.69%，金融服务可得性明显改善。民营小微企业贷款在全部贷款中的比重 33.60%，较 2018 年初上升 0.17 个百分点，高于全国平均近 10 个百分点。

① 本文完成于 2018 年 12 月

（二）普惠型小微企业贷款增长完成“两增两控”目标

2018 年安徽省法人银行普惠型小微企业贷款余额 2763.16 亿元，同比增长 18.43%，增速高于各项贷款平均增速 0.08 个百分点，贷款覆盖户数 65.60 万户，比上年同期增加 9.68 万户。全省法人银行普惠型小微企业贷款利率 7.19%，较一季度末下降 1.2 个百分点。普惠型小微企业贷款不良率 4.71%，较一季度末下降 2 个百分点，完成了“两增两控”目标。

（三）保险服务进一步得到发挥

2018 年，安徽保险业重点在资金运用和保险保障方面双向发力。第一，保险资金通过投资债券、股票、债权投资计划、项目资产支持计划等形式，为在安徽省民营小微企业生产经营活动提供直接资金支持 116.95 亿元。第二，保险保障功能作用明显提升，在全国率先建立主粮作物“基本险 + 大灾险（补充险）+ 商业险”的三级保障机制，提供风险保障 1267 亿元。出口信用保险累计支持 3468 家企业出口 83.53 亿美元，科技保险为 1616 家高新技术企业提供风险保障 1811.73 亿元。

二、金融监管多措并举，精准发力

安徽省银保监局坚持以改进服务民营小微企业金融为抓手，多措并举，精准发力，因地制宜地做好服务民营小微企业工作，深受企业的欢迎。他们的主要做法如下。

（一）抓监管引导

安徽召开了支持民营小微企业发展座谈会，制定《关于银行保险业支持民营企业发展的实施意见》，明确支持民营企业发展的 23 条措施。调整优化民营小微企业金融监管考核政策，重点考核授信1000万元以下（含）普惠型小微企业贷款增速、户数、成本、风险情况，稳步实现民营企业金融服务由数量型增长向质量型发展转变。

（二）抓信贷投放

严格信贷计划管理，按照年初承诺、年中督导、年末考核的思路抓落实，梳理全省近200家机构2018年度小微企业信贷计划，要求“两个确保”，即法人银行确保实现“两增两控”，全国性银行在皖省级行确保完成上级行信贷计划，全年小微企业信贷增量超1500亿元。

（三）抓融资降本

出台安徽省信贷降本政策，要求辖内银行机构制定降本实施方案，2018年法人银行普惠型小微企业贷款利率较一季度末下降1.2个百分点。持续落实收费监管要求，对辖内20个法人机构、118个分支机构开展违规吸存检查，对发现的违法违规问题罚款780万元，对存在的存贷挂钩等不规范经营行为罚款近200万元。

（四）抓差异监管

定期对全省小微企业信贷投放情况进行通报，召开了深化民营小微企业金融服务专题会议，重点约谈、督办上半年小微信贷投放偏慢的9家银行，明确整改目标和要求。按年度实施了对省级银行机构开展考核，并依据结果开展差异化监管。精准指导信贷激励实施，2018年上半年对于辖内完成“两增”目标的法人银行机构，确定为减免利息收入增值税政策优惠对象。

（五）抓机构布局

通过持续外引内改新设，安徽省银行业机构体系进一步完善，农商行全面完成改制、村镇银行实现县域全覆盖，县域“双法人”体制基本成型。鼓励中小商业银行设立各类特色支行、事业部，推动银行业机构向城镇社区、小微企业集中地等地区增设网点，创新“拎包”银行服务模式。以智慧城市建设为契机，大力推进数字化普惠金融发展，基本实现了“乡乡有机构、村村有服务”的目标。

（六）抓尽职免责

加强民营企业考核激励，落实授信尽职免责制度，明确不良容忍度。持续优化信贷审批流程。推动安徽省大型银行普惠金融事业部建设，初步搭建省、市两级专营部门，鼓励引导法人银行建立普惠金融部门，徽商银行、祁门以及其他农商行相继完成部门新设。引导银行创新设立小微企业金融服务中心形式，通过弹性审批、派驻审批等多种方式缓解，避免因辖属经营机构无审批授权或授权较小造成信贷投放效率下降。

（七）抓稳贷帮扶

持续运用好债委会、联合授信和无还本续贷三个监管机制，灵活开展存量贷款重组、借新还旧，推动分类、分型、分企帮扶，加强对困难民营企业的融资帮扶，以同业合作、银企合作、银政企合作等多重形式“稳贷”，避免“一刀切”抽贷、断贷、压贷，最大限度保全民营企业流动资金不断档。

（八）抓产品创新

围绕期限、担保、支付，鼓励创新产品有效满足民营企业实际融资需求。推动农业保险分级保障体系建设，提高大宗农作物保险保障水平。加强研发创新农险产品，扩大特色农业保险保障范围。做好新型农业经营主体金融服务，完善农业产业链全流程风险保障。优化科技保险支撑体系，支持高新技术民营企业创新发展。

（九）抓政策落实

安徽召开了民营小微企业金融服务政策落实专题推进会议，组织银行保险机构监管处成立 10 个调研组，由部门主要负责人带队，分赴安徽省 16 个市进行集中调研走访，深入监管服务对象，了解并督促银行保险机构加快落实政策进度，并第一时间向民营企业传导金融政策，帮助企业熟悉政策，听取民营企业金融服务诉求。

三、面对问题与挑战

（一）民营小微企业获取金融服务诉求多样

一是部分企业反映，银行信贷产品与企业实际金融需求不匹配，期限上以短期为主，用途上以流动资金为主，支付方式上以受托支付为主，与民营企业经营用款实际存在很大程度上的错配，影响了企业用款的自由度，实际可用的贷款资金并不多；多数银行对抵押质押品要求高，民营企业可供抵押的固定资产偏少，权利质押存在评估难、处置难的问题，难以满足企业融资需求。

二是大型银行基层行特别是县域支行、中小银行特别是股份制银行二级分行信贷审批权限较小甚至没有，影响了审批效率，拉长了审批时限。有的企业反映，银行授信审批人员入企调研少，过度重视申报材料形式审批，没有掌握企业经营和法定代表人实际情况，影响了审批质效。

三是部分企业反映银行贷款不仅要求抵押、融资担保，还要求对抵押品进行保险，并按年进行评估，有的甚至存在指定评估行为，贷款费用偏高。有的企业认为银行对待民营企业贷款利率普遍上浮，减费让利不够。个别短期资金困难企业无法获取无还本续贷，倒贷成本依然偏高。

四是一些企业反映，当前部分保险产品针对性不强，全而不精的问题明显，由于整体参保率低、赔付率高，涉及民营企业财险的保额不高，保费却不低，且保险理赔难、周期长，多数企业对保险保障意识不强，宣传力度有待加大。

（二）金融机构精准服务需要多方合力

一是多数银行反映，民营企业经营信息、信用信息特别是外部融资信息很难掌握，传统的财务报表真实性不大，政府部门掌握的信息缺乏共享渠道，信息不对称的问题依然明显。

二是民营小微企业缺乏有效的抵质押物，且生命周期不长，经营波动较大，风险缓释难度大，贷款成本高，一些抵押资产在后续处置上也存在困难。

三是银行普遍反映，银担合作存在问题，部分地区担保贷款代偿周期偏长，代偿难度较大，有的担保公司资本金有限，代偿不足引发新增业务受限，银担合作受阻，影响了新增担保贷款投放。

四是保险参保率低导致保险保障功能有限，导致民营小微企业保险体验不多。风险差异大导致保险行业产品创新积极性不高，专门针对民营小微企业风险特征开发的产品少。部分险种较高的赔付率导致保险公司难以承受。提高保费又会增加企业负担，政府补贴也难以配套。

四、观察与思考

（一）进一步加强政策体系建设

重点健全民营小微企业信贷风险补偿机制，适当提高民营小微贷款占比高、增速快、发展好的银行机构监管容忍度，深入推动小微企业授信不良贷款容忍和尽职免责制度落实，切实避免基层信贷人员“不敢贷”问题，协调人民银行适度减少信贷规模等方面的管控；推动政府建立健全战略新兴产业投资引导基金、风险补偿基金、县域信贷资金回流奖励基金，发挥财政专项资金对小微企业信贷杠杆撬动作用。整合市县政策性融资担保公司，稳步提升担保代偿能力、效率。

（二）进一步改进和完善适应民营小微企业融资需求的信贷管理体制和产品体系

推动银行业金融机构提升信贷效率，在授信权限下放、审批时间压缩、抵押品管理、风险管控等方面创新升级，打造适应、适合普惠金融发展的短、平、快式信贷管理机制。鼓励银行机构扩大权利类、资产类、未来收益类等抵质押物范围，支持金融机构利用互联网技术，不断拓展小微金融服务渠道，利用互联网、移动智能手机等普及金融服务，压降融资成本，加大信用模式创新和抵质押方式创新，扩大贷款抵质押范围，破解小微企业“贷款难、贷款贵”的困局。

（三）进一步加强普惠金融生态体系和评估考核体系建设

加强地方信用体系和信息共享平台建设，鼓励银行在管控风险前提下，实现信息系统嵌入。综合运用法律、经济、舆论监督等手段，形成激励守信和惩戒失信的机制，完善金融债权司法保护制度和机制。深入推动县域资金回流，引导金融资源向薄弱地区流动，对于资金过度外流的机构，限制其发展同业、投资以及房地产等高风险业务。提高银行业金融机构普惠金融发展信息披露监管要求，强化市场评价和约束。探索制定普惠金融评估指标，有选择性地对法人银行业金融机构开展评估，加大监管考核评价力度，督促引导银行业强化信贷支持。

后　记

中国保险业和新中国一起走过了七十年的奋斗道路。七十年来，在党中央坚强领导下，坚持实事求是思想路线，秉持改革开放基本国策，经过艰苦探索，找到中国特色社会主义发展道路。中国已经成为世界第二大经济体、第一大货物贸易国、第一大外汇储备国，连续多年对世界经济增长贡献率超过30%，是近年来世界经济增长的主要稳定器和动力源。多年来，我国保险业紧跟时代步伐，坚持改革创新，在行业发展、服务领域、支持实体经济发展方面均取得较好成效。截止2019年底，保险机构数量达240家，保费收入和资产规模分别为4.26万亿元、20.56万亿元，保险密度3046元/人，保险深度4.30%。保险市场规模先后超过德国、法国、英国、日本，2017年全球排名升至第2位，在世界500强中有7家中国内地的保险公司，成为全球最重要的新兴保险市场大国。

习近平总书记指出，走得再远，都不能忘记来时的路。回顾过去的保险监管实践，我们可以总结出一些监管的基本原则，那就是，监管工作必须毫不动摇坚持党的领导，必须毫不动摇坚持以人民为中心的发展思想，必须找准定位、回归本源，才能推动行业始终沿着正确的道路前进，努力创造经得起实践、人民、历史检验的业绩。

回顾过去，思考未来，我选择了2016年—2019年初曾发表和调研的多篇文章中比较有代表性和典型性的文章，将其汇编成册，形成此书。本书分为三个部分，理论探讨篇、论坛访谈篇和调研报告篇，共计29篇文章，内容涵盖保险监管国际借鉴、保险供给侧结构性改革、保险服务"一带一路"建设、保险业改革创新、保险科技发展、保险资金运用、保险业服务实体经济、保险业助力文化体制改革、养老金统筹、金融服务小微企业等多个方面，并选取8篇地方实地基层调研报告，包括保险业服务改革创新、精准扶贫、医责险、金融服务民营企业等多个专题。

做好保险业改革发展和监管各项工作，要始终坚持党中央对经济金融工作的集中统一领导，切实把党领导经济金融工作的制度优势转化为治理能力；要紧扣全面建设小康社会目标任务，坚持稳中求进工作总基调，坚持新发展理念，坚持以金融供给侧结构性改革为主线，坚持以金融业改革开放为动力，统筹推进稳增长、促改革、调结构、惠民生、防风险、保稳定，切实维护好金融秩序，防范系统性金融风险。

展望新的一年，中国保险业将伴随我国经济社会发展共同成长，深化金融供给侧结构性改革、服务实体经济、实现保险业高质量发展、守住不发生系统性风险底线将是中国保险业把握的主旋律，保险业也将继续发挥社会"稳定器"和经济"助推器"作用，服务经济社会发展全局。

书中有些内容难免存在疏漏和不当之处，真诚欢迎读者的批评、指正。

周延礼

2020年3月